本著作受兰州大学管理学院教师学术出版基金资助

单菲菲 著

城市

多民族社区

治理 ——以西北地区为例

THE GOVERNANCE OF
URBAN MULTI-ETHNIC COMMUNITY
—Taking Northwestern Districts as the Example

社会科学文献出版社
SOCIAL SCIENCES ACADEMIC PRESS (CHINA)

# 序　言

2018年11月初，单菲菲副教授寄来她的书稿《城市多民族社区治理——以西北地区为例》，嘱我写一篇序言。

阅读该书，感觉颇有新意。我认为，最能吸引人，并且十分有特色的部分，就是第三、第四、第五三章的三个案例（"村改居"多民族社区权力秩序的重构；城市多民族社区服务供给的绩效探索以及城市多民族社区"老年餐桌"服务的改进）。这三章既是本书的重点部分，也完全符合《城市多民族社区治理——以西北地区为例》这一著作的研究宗旨。城市社区治理作为多民族国家建设和发展中的一个重要组成部分，在人们的社会生活中愈来愈占有重要的位置。就西方来讲，治理理论对于治理的内涵并没有达成完全一致的看法，许多研究者是基于自身的立场和学术视角，提出各种各样的观点和解释理论。其中一种观点认为，"如果缺乏有效的整合机制与制度设计，公共治理不但不会显现三方的比较优势，实现系统最优化效应，反而会导致三者比较劣势的叠加，出现更大的治理失败局面"。显然，中国在治理的整合机制与制度设计方面有着明显的优势。十八届三中全会明确提出了"全面深化改革的总目标是完善和发展中国特色社会主义制度，推进国家治理体系和治理能力现代化"的建设任务。该专著就是从这个角度出发，来探讨城市社区治理在中国政治发展中所具有的重要意义。这本身就是一件有意义的事情。

城市社区的治理是国家治理在基层的体现，分析和阐述西北地区城市的社区治理，既是对治理理论的阐释，又是对基层政府治理绩效评估的补充。国家治理的方向、目标是城市社区治理的重点和基本内容，如基本公共服务、基础教育、居民就业、医疗卫生、养老保险等，尽管西北地区各城市社区治理各具特色，可是都体现出人类命运共同体构建中共同的意义和价值所在。国家治理体系和治理能力现代化是一种全新的政治理念，表明我们党对社会政治发展规律有了新的认识，是马克思主义国家理论的重要创新。① 中国西北地区由于民族、历史、文化的多元特色，各城市社区的治理目标和治理战略，都是国家治理体系和治理能力的重要组成部分，同时都应该围绕着科学发展、政治文明、和谐社会、小康社会、新农村建设、服务型政府、创新型国家和生态文明等诸多方面进行。和谐社会建设、脱贫奔小康建设、生态文明建设又是治理目标中的重中之重，城市社区的治理必须围绕着这个主题。这本著作的三个案例，无疑是围绕着这个目标和主题进行研究的。政治的稳定发展，直接关系到城市社区居民的生活和生产的发展，这是民主建设和民主治理的基本目标之一。围绕着政治社会的稳定治理，中国共产党坚定不移地实行以法治国。与此同时，大力推行政务公开，认真发展公共服务事业。今天一个廉洁高效的社会稳定局面日益凸显。在西北地区进行城市社区的治理，政策的保证就十分重要。党的十九大报告再次重申了必须坚持中国特色社会主义政治发展道路，必须坚持民族区域自治制度的立场，民族区域自治政策的延续，预示着我国民族地区城市社区治理的制度安排是成功的。伴随着当前打黑除恶专项活动的开展，城市社区治安状况良好，城市居民社会安全感提升。2018 年，和谐入宪，西北地区各民族的和谐关系有了国家大法的根本保证。我们也从著作中的三个案例，明显地感受到了城市社区各民族的和睦相处，各民族交往交流交融正在稳步推进。

10月中旬，南开大学首届 PPE（哲学—政治学—经济学）特色班的同学来信，希望我能给同学们写一段寄语，我写了16个字给同学们：坚定意志，刻苦学习；尊重前人，勤奋求实。这是受顾颉刚先生在《禹贡》第一卷第二期的《编后》中一段话的启发。顾先生

---

① 俞可平. 论国家治理现代化［M］. 北京：社会科学文献出版社，2014.

说："谨慎的前辈常常警诫我们：发表文字不可太早，为的是青年作品总多草率和幼稚，年长后重看要懊悔。这话固然有一部分理由，但我敢切劝青年不要受他们的麻醉。在学术上，本没有'十成之见'，个人也必没有及身的成功。学术的见解与成就，就全体言是一条长途，古人走到那里停下了，后人就从他停止的地方走下去；这样一代一代往前走，自然永有新境界。就个人言也是一条长途，你要进步，就得向前走。"

　　单菲菲是我所指导的硕士生与博士生。从硕士阶段起，她就对城市多民族聚居的社区充满了研究兴趣；在攻读博士学位期间，又参与我主持的"城市化进程中的民族问题及其对策研究"（教育部哲学社会科学研究重大课题攻关项目）等多项国家级、省部级研究课题。她的博士学位论文《城市多民族社区管理模式研究》（已由中国社会科学出版社于 2011 年出版）获得了答辩专家的一致肯定。在兰州大学管理学院工作的这些年，她仍然以城市多民族聚居社区研究作为主攻方向，不仅在《兰州大学学报》《城市发展研究》等核心期刊上发表了多篇论文，还申请了国家社科基金、教育部的项目等。她主持完成的"促进西北民族地区城市稳定与发展的社区治理策略研究"（国家社科基金青年项目 12CMZ024），鉴定结果为良好。我就用那 16 个字与单菲菲副教授共勉：坚定意志，刻苦学习；尊重前人，勤奋求实。是为序，贺之、勉之！

高永久
2018 年 11 月 15 日于南开大学

# 前　言

　　保持相对稳定的社会环境，是一个国家持续发展的基本前提。因此，社会的稳定与发展一直是实践部门与学术界关注的重大现实问题与理论问题之一。在探讨中国社会的稳定与发展问题时，西北民族地区特殊的外部环境与内部因素，使得对西北民族地区的探讨显得迫切和需要，并且在城市化不断加快的背景下，尤其应当重点关注其城市区域。城市的基本构成单位即社区，社区的稳定与发展，与城市的稳定与发展、社会的稳定与发展是局部与整体的关系。因此，本研究试图从城市社区治理的角度出发，通过多案例调查，探寻西北民族地区尤其是城市区域稳定与发展的策略与道路。

　　本书要解决的核心问题是"社会发展、国家建构过程中，如何实现以社区的稳定与发展促进西北民族地区城市的稳定与发展"。在回答这一问题时，对相关的理论与文献进行了梳理，采用了问卷调查的方法，首先从城市多民族社区居民的社区认同与归属感、居民对社区管理的感知、社区居民参与、社区民族关系、社区稳定的预警状况等五个维度描述、分析出西北民族地区城市社区的治理特征；其次将社区治理看作管理活动，从城市多民族社区治理主体与治理内容的角度出发，结合城市多民族社区的现实特征，有重点、有针对性地分别选取了目前呈现数量较多的"村改居"多民族社区治理主体变化的案例、城市多民族社区服务案例，以及老龄化社会背景下城市多民族社区养老服务的案例，进行深入剖析。

　　在结合问卷数据总体分析西北民族地区城市社区治理特征的基础上，以及在结合案例研究深入剖析城市多民族社区治理面对的重点问题的基础上，本书认为，目前西北民族地区城市社区治理呈现的特征包括：第一，从社区治理的主体来说，社区居委会仍然是社区治理的主体，并且工作初见成效，社区居民对社区治理的认识存在误区，有参与意识、欠参与行动；第二，从社区治理的内容来说，社区治理仍然以完成行政任务为主，社区服务中的公共价值凸显不足；第三，从社区治理的基础来说，社区内具有较好的民族关系基础、社区归属感基础，意味着存在待开发的社会资本储备；第四，从社区治理的过程来说，识别社区各族居民的风险认知有助于维护区域的稳定与发展。

基于以上分析，笔者提出了如何以社区稳定与发展促进西北民族地区城市稳定与发展的策略组合，包括以社区居委会为主导丰富社区治理主体、以社区服务为重点优化社区治理内容、以社会资本为切入点夯实社区治理基础、关注社区稳定与发展的警源与警兆等具体措施。期望本书能够为实践者提供一个解决现实问题的新思路，为决策者提供一个广阔的视野，为以后的研究者提供一个深入研究的平台和基础。

# 目　录

# 第一章　绪论

## 第一节　选题缘由与研究意义

### 一　选题缘由

保持相对稳定的社会环境，是一个国家持续发展的基本前提。因此，社会的稳定与发展一直是实践部门与学术界关注的重大现实问题与理论问题之一。在探讨中国社会的稳定与发展问题时，对于西北民族地区的探讨显得尤为迫切和需要。西北民族地区特殊的外部环境与内部因素，使得该地区除了面临着与其他地区相同的不稳定的共性因素以外，还有自身一些特殊的不稳定因素。例如，从经济发展的角度来看，改革开放以来西北民族地区虽然获得了长足发展，但是受到自然条件以及发展起点的局限，相较于东部地区仍然存在着明显的发展差距。并且在西北民族地区的发展过程中，时有不当的开发方式使得西北民族地区环境、资源等问题面临严峻挑战。从体制转变的角度来看，社会转型带来的新旧体制的摩擦与冲突在西北民族地区表现得较为明显，传统的思维模式与新的思想观念发生着激烈碰撞。再加上西北民族地区自古就生活着众多少数民族，历史遗留下来的民族问题使该地区民族关系十分复杂，中国现代化进程的推进下，民族、宗教、利益分化、文化变迁等多种问题交织在一起，这些特殊的因素影响西北民族地区的发展。因此，本研究将西北民族地区作为研究范围，探讨该地区的稳定与发展问题。

在西北民族地区的发展过程中，有一组数据值得我们关注。改革开放之后，中国的城镇数量和城镇人口急剧增长，到了 2011 年，中国的城市化率首次突破 50%。在这种城市化进程不断推进的背景下，西北五省区的城市化率也不断提升：2005 年，西北五省区中陕西省的城市化率为 37.24%、甘肃省为 42.9%、青海省为 39.22%、宁夏回族自治区为 42.28%、新疆维吾尔自治区为 37.16%；到了 2015 年，陕西省的城市化率为 53.91%、甘肃省为 43.19%、青海省为 50.34%、宁夏回族自治区为 53.63%、新疆维吾尔自治区为 47.25%[①]。可以说，西北民族地区近些年的城市化呈现出明显的加速趋势。城市化进程的加速推进，使得城市成为西北民族地区发展的重要阵地。而城市本身又有区别于农村的明显特质，包括异质化程度较高的居民、结构复杂的群体与社会组织、频繁的经济活动与社会活动、松散的人际关系等。因此，在探讨西北民族地区的稳定与发展问题时，应当重点关注城市区域。

城市的基本构成单位即社区。社区的稳定与发展，和城市的稳定与发展、社会的稳定与发展是局部与整体的关系。尤其是 20 世纪 90 年代中国兴起的"社区建设"运动，更是将社区推向了国家发展战略和社会政策议程的中心。社区成为社会治理的最基层单位，也是社会最灵敏的触角，在实现社会和地区的有效治理方面担负重要作用，"其包含的各个系统和单位都分别担负着与当地社会生活相关联的各种社会功能"[②]，可以说，如果一个地区要稳定与发展，那么必然要先实现城市社区的有效治理。在这种形势下，从社区的角度出发，研究和回答"如何将影响到西北民族地区城市稳定与发展的不和谐因素消解在社区层面"，"如何通过对社区的治理来实现西北民族地区城市的稳定与发展"等问题，对于西北民族地区的治理与发展来说具有重要的理论意义和实践价值。

---

① 中华人民共和国国家统计局. 国家数据 [DB/OL]. [2017 - 1 - 5]. http://data. stats. gov. cn/index. htm.

② 周运清. 城市政府工作进社区与执政能力创新——"武汉 883 行动计划"与和谐社区建设研究 [J]. 中南民族大学学报（人文社会科学版），2005（6）：104.

因此，本研究从城市社区的角度出发，试图通过多案例调查，探寻西北民族地区尤其是城市区域稳定与发展的策略与道路。本研究的课题组近几年奔赴新疆、甘肃、宁夏等省（区）的多个城市社区，采用田野调查、案例研究等多种研究方式，展现西北民族地区城市社区尤其是多民族社区在社区建设、社区发展、社区服务、社区居民关系等方面的面貌，发现其中可提升的空间，探寻以社区稳定与发展促进城市稳定与发展，进而促进西北民族地区稳定与发展的策略。

**二 研究意义**

社会科学的研究，应当面对丰富多变的社会实践，对社会实践中出现的问题予以充分关注并努力做出科学的回答。从社区角度出发，探索西北民族地区城市稳定与发展的策略，无论从理论上还是实践上来说，都具有重要的意义。

**（一）理论意义**

城市化进程的推进中，形成了越来越多的城市多民族社区，从社区作为城市微观构成单元的角度来看，探讨这些社区的有效治理问题，对于促进民族地区的稳定与发展具有重要意义。而梳理目前国内研究者的已有成果可以发现，对于该领域的研究存在以下问题。第一，研究视角缺乏交叉。政治学、社会学、公共管理学界关注的重点是一般城市社区治理；而民族学界对民族地区城市社区的研究重点为（多）民族社区的变迁、功能及民族文化保护等方面，对其有效治理探索的少。第二，理论研究不足。判断西北民族地区城市社区是否实现了有效治理，进而能否促进西北民族地区城市的稳定与发展，应当引入社区治理、政府绩效管理等相关前沿理论进行研究，从已有文献的梳理来看，显然目前针对民族地区城市社区治理的理论研究还较为薄弱。第三，从研究方法角度来说，"应然"研究多，"实然"研究少。一些"应然"研究成果所形成的结论的经验事实支撑不足，而"实然"研究中又多为单个案例的挖掘，需要在方法上更为广泛、更高层次地整合这些经验研究，以指导民族地区城市社区的治理。

基于上述情况，本研究试图从多视角探索促进西北民族地区稳定与发展的社区治理策略。在研究过程中，引入社区治理、政府绩效治理等与城市社区治理相关的前沿理论，注重从西北民族地区城市社区的多民族性实际情况出发，选取新疆维吾尔自治区、宁夏回族自治区、甘肃省等省（区）的多个城市社区进行系统调查，采取多种数据收集方法，使得研究结论建立在充分的调查研究基础上，既有经验事实支持，也有多案例整合后的结果论断。这些就是研究的理论意义所在。

（二）现实意义

第一，系统研究促进西北民族地区城市稳定与发展的社区治理策略，对从社区层面化解西北民族地区城市中的矛盾具有积极作用。习近平总书记在 2014 年中央民族工作会议上指出，我国进入了各民族跨区域大流动的活跃期，城市民族工作越来越重要，城市民族工作要把着力点放在社区①。正所谓"基础不牢，地动山摇"，社区稳定与社会稳定是局部与整体的关系。没有作为城市基本构成单位的社区的稳定，也就不可能出现城市全局性的社会稳定。在西北民族地区，城市社区多以多民族社区的形式呈现。多民族社区具有多文化、多宗教、发展多层次等复杂的特点，若多民族社区治理不当，会影响到城市以及区域的稳定和国家安定。因此，本研究首要的现实意义，就在于它对处理当前民族地区城市中的矛盾和维护社会稳定具有积极作用。

第二，系统研究促进西北民族地区城市稳定与发展的社区治理策略，为协调政府和社区关系的实践工作提供了更丰富的案例。从

---

① 中央民族工作会议暨国务院第六次全国民族团结进步表彰大会在京举行［EB/OL］．［2014－9－29］．http://www.xinhuanet.com/politics/2014－09/29/c_1112683008.htm.

1991 年民政部第一次提出"社区建设"至今，我国的社区建设经历了理论探讨、实践探索、科学实验的过程。在这一过程中，遇到了许多棘手的问题，政府与社区的关系协调问题就是其中之一。对西北民族地区的城市社区治理进行研究，实际上是研究政府与少数民族居民占据相当比例的特殊社区之间的关系，这为协调政府和社区关系的实践工作提供了更加丰富的案例。

第三，系统研究促进西北民族地区城市稳定与发展的社区治理策略，将为政府有关部门开展城市民族工作提供更多有益的帮助。城市化进程的推进引发了少数民族流动人口剧增，城市居民开始多民族化，如何构建和谐的城市民族关系，已经成为城市民族工作面临的重要任务。而多民族社区中各族居民的关系正是城市民族关系的微观体现，本研究将"城市多民族社区"作为主要研究对象，通过实地调查反映出社区这个微观单元中少数民族的生存、生产、生活、思想状况，这为政府有关部门从事城市民族工作提供了第一手材料，为城市民族工作推入社区并且社区化提供了有益帮助。

## 第二节　文献述评

厘清国内外已有的相关学术成果，有助于明确研究所处的坐标。本研究涉及的问题有民族地区稳定与发展的影响因素与策略研究、社区治理研究、多民族社区（民族互嵌式社区）建设研究等，对这些相关学术成果的梳理，成为研究的前提和基础。

### 一　关于促进民族地区稳定与发展的研究

民族地区的稳定与发展，一直是国内研究者们关注的焦点。中央民族大学杨圣敏教授提出：中国政府的民族理论和对民族理论的践行基本上没有发生变化，论述起来内容很多，但是它的中心思想就是民族平等。详细来说就是协助各少数民族在经济发展程度上、政治权利上和文化发展的机会上都能达到与汉族平等的状态，以实现汉族与少数民族的共同发展和繁荣①。本小节也将从民族地区的政治、经济和文化领域的稳定与发展等角度展开综述。

（一）促进民族地区政治稳定的研究

对于促进民族地区政治稳定的研究，主要论域为以下三方面。

（1）强调民族地区政治稳定的重要性。现阶段民族地区的政治稳定具有重要意义，是影响国家治理的关键问题，在这一点上研究者们达成了共识。维持民族地区的政治稳定极为重要，是因为它关系到全国的社会政治稳定；关系到我国边防的稳固；关系到全国的经济发展状况；关系到全民素质的提高②。尤其是在西部大开发战略中，这是实施西部大开发战略重要的前提条件，没有稳定的环境，民族地域的开发就无法顺利进行或者有可能中途夭折③。

（2）探讨民族地区政治稳定的影响因素。由于民族地区历史条件、社会环境等各方面的特殊性，影响其政治稳定的因素也与其他地方存在着较大的差异。徐黎丽认为，政治稳定局面得益于良好的民族关系；反之，若民族关系不和谐，则政治稳定也将受到妨碍④。杨沛艳认为，在西部大开发的过程中呈现频繁的人口流动与族际互动，民族成员对本民族的利益诉求本就敏感，又会受到民族矛盾的进一步刺激，因此，在某种程度上，民族意识也会成为诱发政治不稳定的要素⑤。谈正好认为，对于信仰宗教的国家或者地区来说，政治文明与宗教具有紧密联系，宗教成为研究政治稳定必须重视的一个问题。西北是一个多民族相对集中的地域，在这里，无论在历史

① 杨圣敏. 如何认识当代中国的民族问题——以新疆为主要案例的分析 [J]. 西北民族研究, 2015 (3): 5 - 18.
② 马啸原. 边疆少数民族地区政治发展与政治稳定 [M]. 昆明: 云南大学出版社, 2000: 218 - 219.
③ 周平. "促进政治发展维护政治稳定"——西部开发与少数民族地区的政治发展和政治稳定学术研讨会综述 [J]. 政治学研究, 2001 (3): 85 - 88.
④ 徐黎丽. 论民族关系与政治稳定 [J]. 中南民族大学学报 (人文社会科学版), 2003 (1): 49 - 51.
⑤ 杨沛艳. 西部大开发中民族意识变迁与政治稳定的关系探讨 [J]. 西南民族大学学报 (人文社会科学版), 2011 (4): 26 - 29.

上还是在现阶段，民族问题都与宗教问题密切相关，宗教问题对其政治稳定至关重要①。方盛举、陈立春则是全面地分析了影响民族地区政治稳定的几类矛盾：发展具有历史跳跃性的社会政治环境和落后的经济文化之间的矛盾；地区经济发展不平衡所造成的民族隔阂愈来愈深的问题；民族意识增强但民族区域自治制度并不完善的矛盾；国际敌对势力渗透所造成的分裂与反分裂、颠覆与反颠覆问题；少数民族传统政治文化与现代化的矛盾②，如果这些矛盾没有化解，将会影响到当地的政治稳定。

（3）提出民族地区政治稳定的实现路径。在对民族地区政治稳定影响因素研究基础之上，学者们有针对性地提出了促进民族地区政治稳定的实现路径。常士訚认为，多民族国家实现政治稳定，需要增强和改进多民族国家的族际政治整合，推进政治文明建设③。杨沛艳的看法是：维护国家的政治稳定与统一，需要引导和培育公民意识，消解民族意识对国家的抵触④。周平教授从国家认同的角度出发，认为每一个多民族的国家，都应该具有相应的国家认同支持，这样的支持，是多民族国家存在和稳定的社会心理基础，因此多民族国家必须对影响国家认同的各种变量进行必要干预，强化各个民族群体的国家认同，使国家认同保持在一定水平上。这样的过程其实就是国家认同建设⑤。徐黎丽认为，满足各族人民正当的利益要求、保护各个民族正当的民族权益、不断地清除狭隘民族意识的消极影响可以促成政治稳定；完善民族区域自治制度和政策、大力培育少数民族干部、实现民族工作法制化能够促进政治稳定，促进民

---

① 谈正好．宗教与西北民族地区的政治稳定［J］．西北师大学报（社会科学版），1998（6）：97–102．
② 方盛举，陈立春．影响边疆民族地区社会政治稳定的主要因素分析［J］．思想战线，1999（5）：25–31．
③ 常士訚．多民族后发国家现代化进程中的族际政治整合与政治文明建设［J］．云南行政学院学报，2010（3）：4–9．
④ 杨沛艳．西部大开发中民族意识变迁与政治稳定的关系探讨［J］．西南民族大学学报（人文社会科学版），2011（4）：26–29．
⑤ 周平．多民族国家的国家认同问题研究［J］．政治学研究，2013（1）：26–40．

族关系的良性发展①。

**（二）促进民族地区经济发展的研究**

民族地区经济发展水平与发达地区有较大差距，这会影响民族地区的社会稳定与发展。消除民族地区的不稳定因素最根本在于加快民族地区的经济发展。研究者对民族地区经济发展的研讨主要论域包括以下方面。

（1）阐述民族地区经济发展面临的新格局。张磊从"一带一路"倡议入手，认为"一带一路"倡议构筑了少数民族地区对外开放的新格局，促进了少数民族地区的产能合作、产业发展和参与世界经济合作的方式创新②。王玲玲等认为民族地区如果不走资源节约型经济和环境友好型经济等绿色经济发展之路，可持续发展就只能是纸上谈兵③。郑长德、王永认为，中国区域经济发展呈现新格局，可以将其概括为"14484"，即一个目标、四个广域覆盖区、四类功能区、八个问题区、四个机制。在此格局之下西部民族地区的经济发展面临机遇与挑战并存的局面。要加快西部民族地区的经济发展，关键是要坚持以科学发展观统领全局，在宏观层面构建西部发展的制度支持体系，在区域合作层面构建发展成果的共享机制④。

（2）探讨民族地区经济发展的主要影响因素。孙庆刚梳理和归纳了研究少数民族地区经济社会发展水平滞后原因的文献，将学术界对于民族地区经济发展影响因素的讨论概括为六种主要观点：地理劣势论、历史依赖论、政治滞后论、制度缺陷论、经济社会资源

---

① 徐黎丽. 论民族关系与政治稳定 [J]. 中南民族大学学报（人文社会科学版），2003（1）：49-51.
② 张磊. "一带一路"战略与中国少数民族地区社会经济发展 [J]. 中央民族大学学报（哲学社会科学版），2016（4）：70-77.
③ 王玲玲，冯皓. 绿色经济内涵探微——兼论民族地区发展绿色经济的意义 [J]. 中央民族大学学报（哲学社会科学版），2014（5）：41-45.
④ 郑长德，王永. 中国区域经济发展新格局下西部民族地区的发展研究 [J]. 西南民族大学学报（人文社会科学版），2009（1）：125-130.

匮乏论和综合因素论，并且对这些观点做了评价①。还有一些学者从较为微观的视角剖析了民族地区经济发展的影响因素，比如，钟海燕认为，民族地区经济发展方式与民族地区的城镇化和工业化有着密切联系②。马骍则研究了人口红利与我国民族地区经济发展的关系，认为：对我国民族地区而言，假设人口转变的经济效应更大，并且在全国其他各地区的人口机会"窗口"已关闭的情况下，民族地区的人口红利期仍会延续，从而能够独享一段人口红利期，这对于民族地区的经济发展是一个非常好的机会。并且，例如投资、人力资本等因素等也会对民族地区的经济发展产生积极作用③。

（3）提出民族地区经济发展的新思路。在促进民族地区经济发展的思路方面，有些学者认为转变经济发展方式是重中之重。其中，周民良认为必须立足于民族地区的发展基础，以资源开发和产业升级为主线，推动体制创新、科技创新和政策创新，强化资源开发与环境保护中的准入限制，促进民族地区全面、协调、可持续发展④。李鸿认为，加快转变民族地区经济发展方式，根本途径是增强民族地区的科技发展能力，这也是提高民族地区自主创新能力的重要前提⑤。丁如曦、赵曦认为，西部民族地区首先要明确功能定位，其次要通过推进经济体制改革、制度创新等，确立科学合理的资源开发机制，优化基础设施并增加人力资本投资，构建集中协调的产业支撑型城镇体系，以及培育内生增长与可持续发展能力来推进经

①　孙庆刚，秦放鸣. 中国西部少数民族地区经济社会全面发展的影响因素——综述与评价 [J]. 经济问题探索，2010（4）：188 – 190.

②　钟海燕. 城镇化、工业化与民族地区经济发展方式转变 [J]. 广西民族研究，2013（2）：134 – 141.

③　马骍. 人口红利与我国民族地区的经济发展：基于面板数据的经验分析 [J]. 北方师范大学学报（社会科学版），2014（3）：140 – 147.

④　周民良. 论民族地区经济发展方式的转变 [J]. 民族研究，2008（4）：19 – 28，108.

⑤　李鸿. 转变民族地区经济发展方式的治本之策 [J]. 西南民族大学学报（人文社会科学版），2008（12）：59 – 62.

济发展方式的战略转型①。还有学者考虑到了生态文明，认为我国大部分少数民族地区虽自然资源丰富，但生态脆弱、经济落后，所以要依据少数民族地区的资源禀赋优势，在保障民族地区生态环境不被破坏的前提下，实现少数民族地区经济增长和可持续发展②。王峰则是以路径演化为视角，提出了在新的时期西部民族地区经济发展路径战略选择，旨在为西部民族地区经济发展提供理论支持与实践引导③。

（三）促进民族地区文化发展的研究

文化是区别民族特征的重要标识之一，民族是靠文化维系的聚合体。所以，在促进民族地区稳定与发展的过程中，文化的发展至关重要。目前学术界关于民族地区文化发展的研究论述较多，包括文化交流、建设和冲突等内容，主要论域涵盖以下几方面。

（1）阐述保护多民族文化的必要性和策略。关于如何保护多民族文化，高兆明讨论了多民族文化保护的主体问题，指出少数民族文化保护的基石是多民族文化间的平等与尊重，要达到这种平等与尊重的状态需要确立民族文化自身的文化主体地位，并且培育其主体性精神④。杨军认为，要遵守客观规律，加强保护少数民族非物质文化遗产的观念；发挥政府的主导作用，完善各方面保护机制；同时要完善法律法规，为少数民族的文化保护提供法律保障⑤。

（2）论述民族文化的发展。段超认为，要促进民族地区文化的

---

① 丁如曦，赵曦. 中国西部民族地区经济发展方式的主要缺陷与新时期战略转型 [J]. 云南民族大学学报（哲学社会科学版），2015（5）：93 – 98.

② 刘萍萍，唐新，付娆. 生态文明视角下我国少数民族地区经济发展的模式研究——以四川省阿坝州为例 [J]. 西南民族大学学报（人文社会科学版），2014（3）：145 – 148.

③ 王峰. 西部民族地区经济发展的路径演化与新时期战略选择 [J]. 民族论坛，2016（5）：26 – 32.

④ 高兆明. 多民族国家中少数民族文化保护的主体问题 [J]. 西南民族大学学报（人文社会科学版），2011（10）：1 – 4.

⑤ 杨军. 少数民族非物质文化遗产保护探究 [J]. 中南民族大学学报（人文社会科学版），2016（1）：58 – 62.

和谐发展，最基本的是要树立"和而不同"的文化理念，首先要加大对民族文化发展的支持力度，增强文化之间的相互理解，以达到民族文化之间的互动和交流①。周炳群认为，文化共生是民族地区文化发展的普遍现象，运用共生理论推进民族地区和谐文化建设具有重要的意义②。闫丽娟则针对新战略下的文化产业发展提出了建议：处于"丝绸之路经济带"沿线的甘青一带人口较少的民族要通过产业化发展将民族文化的资源优势转换为资本优势，利用市场途径扩大文化辐射与影响，实现经济与社会效益的共赢，从各个方面推进"丝绸之路经济带"建设③。

（3）关注多民族地区的文化认同。文化认同可以使民族地区建设充满活力。关于民族地区的文化认同，马戎教授认为：要解决中国民族关系问题，首要任务是淡化各少数民族的"民族"意识，强化中华民族的"民族"意识以及国民意识、公民意识④。赵锦山和徐平界定了民族文化认同，认为民族文化认同可以充当社会稳定剂，合理的民族认同结构能够促进社会稳定⑤。在民族地区的认同中，不得不提的还有国家认同，胡兆义认为保障和改善民生，加快民族文化建设、健全社会保障体系、完善政府的公共服务职能等措施，能够为民族地区国家认同的建构积聚正能量，是实现民族地区国家认同建构的内在要求与必然选择⑥。

---

① 段超，王平．武陵山民族地区多民族文化和谐发展探析［J］．中南民族大学学报（人文社会科学版），2013（4）：1-5.

② 周炳群．文化共生与民族地区文化发展［J］．广西民族大学学报（哲学社会科学版），2008（6）：115-118.

③ 闫丽娟，何瑞．"丝绸之路经济带"战略下西部民族地区文化产业发展研究——以甘青人口较少民族为例［J］．贵州民族研究，2016（9）：160-165.

④ 马戎．中国民族问题的历史与现状［J］．云南民族大学学报（哲学社会科学版），2011（5）：15-20.

⑤ 赵锦山，徐平．广西壮族自治区民族文化认同调查研究［J］．中南民族大学学报（人文社会科学版），2014（2）：55-59.

⑥ 胡兆义．民生视域下民族地区的国家认同建构［J］．西南民族大学学报（人文社会科学版），2013（5）：58-62.

### 二 关于社区治理的研究

在中国改革开放的进程中，理论界往往会对国家推动或倡导的改革进行适时的回应，形成理论研究热潮。20世纪90年代政府发起并推动的"社区建设"，促生了关于"社区治理"的理论增长期。社区治理实际上是一个涉及管理主体、管理客体、管理方式的管理活动，所以国内关于城市社区治理的研究主要围绕治理主体、治理内容、治理方式展开。

（一）关于社区治理主体的研究

中国社区建设的开始就是"由政府推动的，所有的政策、措施源于政府，始于政府"①，政府作为城市社区治理中的主导力量，指导着社区建设的起始与整个过程。但随着社区内居民需求的增多，利益相关者的增加，网络信息技术的快速发展，社区的功能日益多样化，传统社区管理模式中以政府作为主要管理主体的形式已经不能适应当前社会的发展需要。

早期对于社区建设中治理主体的讨论，主要集中体现为针对街道办事处与居民委员会两大主体的讨论，这一对主体在社区治理中发挥着重要作用。20世纪末在民政部开展"社区建设实验区"活动下，基于各地实践经验，形成了多种社区管理模式，这些模式中涉及街道办事处与居委会的不同角色定位，也涉及二者的关系。研究者们对此进行了大量讨论，概括社区治理的模式及社区治理主体的行为特征，包括以下三类：上海模式，采用"两级政府，三级管理"的方式，街道办事处是一级管理实体，政府是社区管理的主体，政府是推动社区建设和发展的核心力量②；沈阳模式，采用"自然划分、社区自治、资源共享"的运作形式，将社区定位在街道办事处

---

① 丁元竹. 社区与社区建设：理论、实践与方向［J］. 学习与实践，2007（1）：16 - 27.

② 单菲菲. 城市多民族社区管理模式研究［M］. 北京：中国社会科学出版社，2011（4）：158.

与原来居委会中间的层面；江汉模式，采用"政府调控与社区自治相结合"的方式，居委会和街道办事处的关系是指导与协助、服务与监督的关系，不是行政上下级的关系①。在街道办事处与社区居委会的关系调适过程中，政府应承担规制者和指导者的角色，居委会则应为供给者和代言人的角色，但是两者在实际工作中，产生了角色迷失的现象，陈天祥、杨婷对这一现象背后的根本原因进行了分析②。

随着社区建设实践的不断探索，有学者认为创新社区治理机制中的一个核心议题是政府、市场与社会三者的关系，进而增加了对另外一对社区管理主体的讨论：物业管理公司与业主委员会。陈家喜以合作治理作为理论视角，认为社区治理结构包括物业公司和业主委员会③。二者实行专业化管理和业主自治相结合的管理体制，关系表现为在法律上的平等关系，在经济上的交换关系，在工作上的合作关系④。在社区内不同性质组织不断增多的情况下，"社区治理共同体"理念成为解决城市社区治理困境的有效途径⑤。胡小君认为当前城市社区的治理已呈现多元主体共同参与的状态，包括党的基层组织、街道办事处、居民委员会、物业管理公司、业主委员会、社会组织、居民等⑥。郭丽认为在社区治理的多元主体中，政府仍是重要主体，其应明确自己的角色定位，在社区建设中发挥重要作用⑦。

① 汪大海，魏娜，郇建立．社区管理（第二版）［M］．北京：中国人民大学出版社，2010（3）：293-295.
② 陈天祥，杨婷．城市社区治理：角色迷失及其根源——以H市为例［J］．中国人民大学学报，2011（3）：129-137.
③ 陈家喜．反思中国城市社区治理结构——基于合作治理的理论视角［J］．武汉大学学报（哲学社会科学版），2015（1）：71-76.
④ 汪大海，魏娜，郇建立．社区管理（第二版）［M］．北京：中国人民大学出版社，2010（3）：62-77.
⑤ 杨君，徐永祥，徐选国．社区治理共同体的建设何以可能？——迈向经验解释的城市社区治理模式［J］．福建论坛（人文社会科学版），2014（10）：176-182.
⑥ 胡小君．从分散治理到协同治理：社区治理多元主体及其关系构建［J］．江汉论坛，2016（4）：41-48.
⑦ 郭丽．社会治理新体制下贵阳市社区治理中政府角色定位思考［J］．贵州社会科学，2014（10）：152-154.

现阶段，多元主体共同参与社区事务的治理符合我国社会转型过程中社区发展的需要。

（二）关于社区治理内容的研究

《民政部关于在全国城市推进社区建设的意见》明确指出，社区建设工作主要包括以下几方面的内容：拓展社区服务，发展社区卫生，繁荣社区文化，美化社区环境，加强社区治安，因地制宜地确定城市社区建设发展的内容。可以说，在社区治理的内容中，社区服务是社区建设的龙头，对居民生活需要、扩大社会福利、提升人民生活水平、促进社会稳定发展等都具有重要意义。因此，本研究较为关注的是研究者们对于社区公共服务供给的研究。

李凤琴对中国城市社区公共服务的研究从概念界定、类型、存在的问题和对策以及模式四个方面进行了较为全面的述评，并从供给主体角度肯定了市场的作用，提出采取何种供给模式应以我国社会具体发展程度为基础①。在社区建设的新背景下，社区服务的供给内容和方式也应与时俱进。陈建胜、毛丹认为传统社区服务中的病弱者导向、政府单一扶持导向等，不符合社区可持续性发展的要求。新型社区服务的发展，应以培育公民的"公民心"为导向②。黄锐、文军认为服务型的社区治理理念下应重视社区公共服务供给，以社区服务推进城市社区治理中各参与主体之间的良性互动，有利于良好社会秩序的建立③。还有学者从具体实践中，得出社区服务进一步深化的经验。徐宇珊认为社区服务中心在社区治理中担当着"服务型治理"的角色，进一步优化的路径是"融入—服务—孵化"④。

社区公共服务供给模式的研究也受到学者们的广泛关注。学者

---

① 李凤琴. 中国城市社区公共服务研究述评 [J]. 城市发展研究, 2011（10）: 64 - 68.

② 陈建胜, 毛丹. 论社区服务的公民导向 [J]. 浙江社会科学, 2013（5）: 82 - 87.

③ 黄锐, 文军. 基于社区服务的城市基层治理: 何以可能, 何以可为 [J]. 福建论坛（人文社会科学版）, 2015（9）: 149 - 155.

④ 徐宇珊. 服务型治理: 社区服务中心参与社区治理的角色与路径 [J]. 社会科学, 2016（10）: 99 - 106.

们普遍认可的是，新时期下的社区公共服务供给应打破政府作为单一主体的供给，避免在政府失灵情况下社区服务体系受到严重影响，要采取多形式的供给模式来满足社区服务多样化的需求。具体而言，目前有"合作治理模式"①"PPP模式"②"互联网＋模式"③等。

（三）关于社区治理方式的研究

关于社区治理的方式，夏建中认为主要包括合作、自治、参与等④。事实上，社区治理研究中研究者采用的理论视角不同，对社区治理方式的认知归类也有差异。

国家与社会关系理论是研究社区治理的一个重要理论视角，研究者们围绕社区治理中国家与社会二者发挥作用的强弱形成了不同的社区治理方式观点。何艳玲认为，在国家与社会两种力量的作用下，社区治理呈现出一种"柔性化状态"⑤。朱仁显、邬文英认为以国家和社会在社区治理中的强弱关系，可以把社区治理方式划分为以下四种类型：强政府—弱社会下的全能控制型和政府主导型、强政府—强社会下的国家与社会合作共治型、弱政府—强社会的社区自治型。并认为，其中的国家和社会合作共治型符合我国当前发展的需要⑥。也有研究者持相同观点，张卫、成婧认为，在国家与社会关系的重构过程中，社区治理应在"强政府—强社会"模式下运转⑦。

①　高慧军．新媒体推动公共服务供给转向合作治理模式研究——基于网络社区的形成和功能的分析［J］．华南师范大学学报（社会科学版），2015（3）：117 – 121.
②　邬凯英．PPP模式应用于中国社区居家养老服务研究［J］．现代管理科学，2015（9）：82 – 84.
③　何继新，李原乐．"互联网＋"背景下城市社区公共服务精准化供析探析［J］．广州大学学报（社会科学版），2016（8）：64 – 68.
④　夏建中．治理理论的特点与社区治理研究［J］．黑龙江社会科学，2010（2）：125 – 130.
⑤　何艳玲．街区组织与街区事件——后单位制时期中国街区权力结构分析框架的建立［J］．中山大学学报（社会科学版），2007（4）：66 – 70.
⑥　朱仁显，邬文英．从网格管理到合作共治——转型期我国社区治理模式路径演进分析［J］．厦门大学学报（哲学社会科学版），2014（1）：102 – 109.
⑦　张卫，成婧．中国式社区治理模式的深层分析［J］．中南民族大学学报（人文社会科学版），2013（5）：88 – 92.

社会资本理论也是社区治理研究中的重要视角。社会资本理论涉及的信任、互惠规范与关系网络的论述，对社区内人们的行为有很强的解释力。王永益认为，社区治理目前存在的问题是缺乏公共精神，提升社区的社会资本存量，有助于构建社区内信任、互相尊重友爱的关系网络，是构建公共精神的可行路径[①]。城市社区治理问题十分复杂，导致城市社区治理困境的因素也是多样的，但有学者认为最根本的原因在于政府与公民之间未形成良性互动，国家权力向社会的回归还未实现，社会资本的重要作用未得到普遍重视[②]。城市社区治理主体的多元化，重视社区公共服务的供给，采用科学合理的治理方式，在社区治理中重视社会资本的作用，注重培育公共精神等是我国未来社区建设的新方向，是促进社会稳定与发展的积极探索。

### 三 关于多民族社区建设的研究

多民族社区是本研究进行的具体场域，对多民族社区的相关研究文献进行梳理，可以更好地了解多民族社区的社会背景、政治、文化、发展历程等，进一步就促进西北民族地区城市稳定与发展方面提出社区层面上的治理策略。学术界对于多民族社区的研究可以大致分为以下几类。

#### （一）多民族社区流动人口研究

在城市化进程中，城市多民族社区的形成与人口流动有密切关系，多民族社区的流动人口尤其是少数民族流动人口也是许多研究者关注的群体。研究者们围绕流动人口规模、特点、发展现状以及政府如何进行流动人口的社会管理展开研究。李安辉、王升云归纳了城市少数民族流动人口的现状和特点，并针对管理过程中存在的

---

① 王永益. 社区公共精神培育与社区和谐善治：基于社会资本的视角 [J]. 学海，2013 (4)：101 – 106.
② 陈燕，郭彩琴. 中国城市社区治理：困境、成因及对策 [J]. 苏州大学学报（哲学社会科学版），2016 (6)：36 – 41.

问题提出了相关建议①。秦文鹏从社区层面为城市少数民族流动人口社会管理提出相关策略，他认为社区具有软约束力，能用强大的整合力进行社会管理②。吴良平从社会网络结构的视角，提出多民族社区流动人口的社会关系嵌入是构建嵌入式民族社会结构的重要维度③。少数民族流动人口规模的扩大改变了现有的民族关系格局。同时，民族关系和谐与否会对民族地区的稳定与发展产生影响，政府应根据流动人口的特点，有针对性地开展服务与管理，促进城市民族关系的和谐发展，维护城市社会的稳定。

（二）多民族社区中的民族关系研究

多民族社区内民族关系主要包括各民族自身发展以及与其他民族的相互适应、交互。当前有关多民族社区内民族关系的研究主要集中在以下两类。

一类是关于对多民族社区内民族关系的现状、特征等的研究。李然提出在多族群社会背景之下，"和谐与共生""竞争与冲突"并存是现今湘西土家族和苗族之间的文化互动与族群关系的特点，构建和谐平等民族关系可以借助"中华民族多元一体"理论④。陈沛照、向琼通过制度、习俗、族际交流等层面的研究，认为随着各民族的广泛交流，"多元一体"的区域性民族关系格局正在形成，民族的地域性认同与国家认同也在逐步提升⑤。还有学者对西北地区的多民族社区进行研究，将协调好民族关系作为社区建设的突破口。刘

---

① 李安辉，王升云. 完善城市少数民族流动人口管理的思考 [J]. 西南民族大学学报（人文社会科学版），2013（1）：68－72.

② 秦文鹏. 试论城市少数民族流动人口社会管理的社区策略 [J]. 黑龙江民族丛刊，2012（5）：52－55.

③ 吴良平. 流动人口与新疆嵌入式民族社会结构构建——以新疆石河子市明珠社区汉族流动人口春节族际互动网络为例 [J]. 西南民族大学学报（人文社会科学版），2016（2）：31－36.

④ 李然. 当代多民族社区族群关系模式探析——以湘西土家族苗族自治州为例 [J]. 北方民族大学学报（哲学社会科学版），2011（3）：80－85.

⑤ 陈沛照，向琼. 互动中的认同：一个多民族社区的民族关系研究 [J]. 贵州民族研究，2015（2）：9－10.

庸认为，改革开放以来的城市化进程打破了传统的社区民族关系，通过对多个社区的居民、工作者进行深入访谈，概括出民族关系演化的特征和类型①。

第二类研究是关于多民族社区内民族关系的重要性以及构建和谐民族关系的方式研究。杨巍、孟楠提出多民族社区工作人员的工作重点应当是协调民族关系②。陈纪将社会认同作为和谐民族关系建设的一种研究视角。帮助少数民族成员解决他们在社会生活中遇到的困难，可以形成积极的情绪和感情，即社会认同，对于多民族社区民族关系的和谐发展可以起到促进作用③。

（三）多民族社区中的民族工作研究

目前，我国多民族社区民族工作的研究主要包括民族工作的重要性、内容、面临的问题、方法探索以及未来建设方向等方面，其中侧重在对民族工作的现实困境及其发展出路的研究。杨建超认为城市社区的民族工作是民族问题治理体系的基础环节，完善与创新现实民族问题的预警与化解机制能够推进民族问题治理体系与治理能力现代化④。陈纪认为公共治理是民族工作创新的一种研究视角⑤。高永久、郝龙引入"以人为本"的理念，为建立新型民族工作的运行机制和具体工作方法奠定了理论基础⑥。闫丽娟、王丽霞、何乃柱认为城镇化进程的加速使城市社会中多民族和多文化的特征

① 刘庸. 城市化进程中社区民族关系演化的特征与类型分析 [J]. 青海民族研究，2016（2）：94-98.
② 杨巍，孟楠. 多民族社区中民族关系的调适 [J]. 新疆职业大学学报，2010（1）：4-7.
③ 陈纪. 社会认同视角下多民族社区和谐民族关系建设研究——以天津市 H 街道为例 [J]. 西南民族大学学报（人文社会科学版），2012（10）：43-48.
④ 杨建超. 民族问题现代治理视阈下的城市社区民族工作研究 [J]. 贵州民族研究，2016（3）：30-34.
⑤ 陈纪. 协作治理：城市多民族社区民族工作创新的探讨 [J]. 西南民族大学学报（人文社会科学版），2013（12）：38-45.
⑥ 高永久，郝龙. 关于"以人为本"新型社区民族工作的方法论思考——基于新人文主义思潮的一点启发 [J]. 中南民族大学学报（人文社会科学版），2013（1）：14-19.

愈趋显著。因此，尊重不同文化的差异，在特定社区解决问题，已成为社会工作者必备的基本素质①。

（四）关于多民族社区文化的研究

因为民族文化是民族特征的表现形式之一，所以研究者们对多民族社区文化的研究较为广泛，涉及各方面，主要侧重于概念及其重要性、文化建设面临的困境、文化对于社区建设过程中起到的积极作用等方面。一些学者探讨了多民族社区的文化概念及其类型。岳天明、高永久认为民族社区的文化概念体现在民族心理、民族意识和民族认同上。民族社区文化冲突，并不一定都是负面影响，有些文化冲突对增强民族社区的吸引力和凝聚力、民族社区意识的形成、民族社区的现代转型和民族社区的全面发展和变迁都有促进作用②。高永久、刘庸将目前民族地区城市社区文化涵化总结为：全涵化和半涵化；顺涵化和逆涵化；群体涵化和个体涵化；接受、适应与拒绝；等等③。还有一些学者从多民族社区的文化发展重要性方面进行研究。马岳勇、李艳霞提出文化互动能够促使社区内民族关系的和谐有序发展④。李晟赟、薛炳尧认为城市多民族社区与一般的社区相比，具有其自身的特点，也更加迫切地需要社区文化。但是现实情形是，城市多民族社区中的文化建设先天发展不足，在后天建设过程中又面临着种种困境，这一情况很大程度上阻碍了社区内的族际交往和新型城市族际关系的发展⑤。还有部分学者则从如何发展

① 闫丽娟，王丽霞，何乃柱. 城市民族社区场域下的社会工作本土化——以回族社区为视点 [J]. 贵州民族研究，2014（3）：42 - 45.

② 岳天明，高永久. 民族社区文化冲突及其积极意义 [J]. 西北民族研究，2008（3）：52 - 60.

③ 高永久，刘庸. 城市社区民族文化涵化的类型分析 [J]. 中南民族大学学报（人文社会科学版），2006（3）：10 - 14.

④ 马岳勇，李艳霞. 城市多民族社区文化互动探析——对新疆塔城市塔尔巴哈台社区的人类学调查 [J]. 中南民族大学学报（人文社会科学版），2009（4）：58 - 61.

⑤ 李晟赟，薛炳尧. 需求迫切与发展困境：城市多民族社区文化建设研究 [J]. 西北民族大学学报（哲学社会科学版），2012（5）：113 - 117.

多民族社区和谐有序的文化的现实路径与实现条件进行了探讨。单菲菲、王学锋认为培育社区认同是城市多民族社区摆脱发展"脆弱性"问题的重要途径①。

（五）多民族社区治理研究

社区治理要求建立一种"政府领导、社区主导、多元参与、协商合作"的治理格局。多民族社区治理有着社区治理的共通性原则，又有其自身特殊性治理创新的一面。研究者们主要从治理主体、内容、方式等方面对多民族社区治理进行研究。文化认为多民族社区由于其经济基础薄弱、自然生态环境脆弱等特点，在建设过程中仍处于起步阶段，治理能力不足，文化建设是激发民族社区治理的核心动力②。社会资本对多民族社区内和谐民族关系的构建以及社区治理具有促进作用。周立军认为多民族社区治理过程受社会资本的影响，在西北边疆地区多民族社区治理中需要社会资本的介入，形成治理合力，以调适多民族文化、塑造价值认同③。单菲菲认为城市多民族社区结构复杂并且异质性程度高，要想实现其治理，必须提升社会资本，构建社会资本与社区的良性互动关系，其中关键是促使社区中的同质性社会资本和异质性社会资本的结合并达到均衡④。高鑫认为社区治理就是一个社区之中的各权力主体间进行良性互动的过程。实现由政府主导型治理向参与式治理的转变需要以下三方面的努力：转变政府职能，厘清各自定位；建立健全社区治理制度；充分发挥宗教组织的作用⑤。张志泽、高永久以传统的民族社区为依

① 单菲菲，王学锋．城市化背景下城市多民族社区认同研究——基于甘肃省合作市Z 社区的调查 [J]．中南民族大学学报（人文社会科学版），2014（5）：27 – 31.
② 文化．文化建设激发民族社区治理内生动力——基于西北民族社区治理的实践探讨 [J]．西北民族研究，2014（4）：127 – 133.
③ 周立军．社会资本视域下西北边疆地区多民族社区治理创新研究 [J]．新疆社科论坛，2015（4）：106 – 110.
④ 单菲菲．试析社会资本与城市多民族社区治理 [J]．北方民族大学学报（哲学社会科学版），2011（3）：75 – 79.
⑤ 高鑫．城市化进程中多民族社区治理研究——以天津市 T 社区为例 [J]．青海民族研究，2015（2）：69 – 72.

托，认为传统民族社区治理中社会组织功能的科学化、规范化是多民族国家治理现代化的必然选择①。

## 四 文献评析

从以上文献梳理可以看出，针对"促进民族地区的稳定与发展""社区治理""多民族社区"等主题，学术界已经探索出较多的成果。这些探索是本研究得以开展的基础，但是已有文献也存在一些不足。

第一，就针对"促进民族地区稳定与发展"的研究来看，相关探讨多集中在宏观层面，从民族地区的政治稳定、社会稳定、经济发展与文化发展等领域与层面展开。这些战略设计如果要与实践紧密结合，必须要有承接的平台、落实的场域，而社区提供了这一可能性。所以本研究将从社区场域出发、从"共同体"培育的角度，探讨促进西北民族地区城市稳定与发展的现实操作问题。

第二，就针对"社区治理"的相关研究来看，政治学、社会学和管理学界的研究者从自己的学科角度出发，对城市社区的管理问题作了大量研究，对多民族社区却少有论及。城市多民族社区是城市社区的特殊类型，尤其是随着城市化进程的推进，这一类型社区在西北民族地区的城市中数量越来越多，发展面临着多重困境，但是其稳定与发展又直接关系着所在城市甚至西北地区的稳定与发展。基于这一重要意义，本研究的焦点从"一般"转向"特殊"，着重探讨城市多民族社区的治理问题，以促进西北民族地区城市的稳定与发展。

第三，就针对"多民族社区"的相关研究来看，民族学界的大多数研究者把对多民族社区的研究重点放在了多民族社区的变迁、功能上，其中在宗教生活以及民族文化的保护等方面，研究取得了一定的成就。但是新形势下，除了上述主题之外，对多民族社区的

① 张志泽，高永久. 传统民族社区治理现代化视阈下的社会组织发展 [J]. 贵州民族研究，2016（8）：27-28.

治理问题进行研究尤为重要。多民族社区研究的最终落脚点应该在于如何更好地建设社区、发展社区，从社区这个小单元出发，以和谐、发展的多民族社区实现区域的稳定与发展。所以本研究更多引入了社区治理理论、政府绩效治理等相关理论，尤其是公共管理的前沿理论，结合城市多民族社区的特征，力图提炼出符合多民族社区情况的社区治理理论体系。

## 第三节　核心概念界定

任何研究活动应当以概念界定与分析作为研究的逻辑起点。本研究也不例外，首先应当对涉及的核心概念——稳定与发展、城市社区、多民族社区与互嵌式社区，以及社区治理等概念进行界定，以把握所要研究的范围。

### 一　稳定与发展

稳定，主要是指社会稳定。有学者从宏观的角度出发，认为社会稳定是一种良性运行与协调发展的状态，其内涵是指社会整体与部分、部分与部分间的关系通过社会有机体的协调，而处于有条不紊地运行状态；其外延是指整个国家与社会的稳定。表现为，社会没有巨大的纷争、冲突和严重的战乱、危机，道德、习俗和法律能有效地规范人们的行为[1]。早期关于"发展"的研究，较权威的是从经济、人民生活和综合国力这三个方面进行评价，将这三个方面作为标准和主要内容。近年来我国对于"发展"这个词的运用，基本上是在科学发展观的指导下，不但强调经济社会发展，而且还注重统筹城乡、区域、人与自然、对外开放等协调发展[2]。稳定

---

[1] 张文宏. 稳定与发展：中国九十年代面临的两大主题——1991年中国社会学学术年会综述 [J]. 社会学研究，1991（5）：1.

[2] 刘岚芳. 基于民众满意度的社会发展评价研究 [D]. 北京：首都经济贸易大学博士学位论文，2006：41-46.

与发展的关系是相辅相成、辩证统一的，稳定是发展的前提，而发展又是稳定的最终基础①。寻求稳定和发展的有机结合既是任何现代政治体系的本能，也是科学合理的现代国家建设战略的核心要素②。

稳定与发展，在民族地区具有特殊的内涵与意义。中华人民共和国成立以来，我国领导人始终对民族地区的稳定与发展高度重视，毛泽东认为，应该坚持民族平等、民族团结、民族区域自治制度，应大力支持民族地区的基础设施建设，发挥民族地区的优势资源，通过自力更生等方针政策来解决边疆民族地区的稳定与发展问题③。邓小平把发展作为民族工作的中心内容，强调把民族经济搞上去，实现共同富裕④。新形势下，习近平指出，"要千方百计加快少数民族和民族地区的经济社会发展，促进各民族共同繁荣发展"；要"紧紧围绕各族群众安居乐业，多搞一些改善生产生活条件的项目，多办一些惠民生的实事，多解决一些各族群众牵肠挂肚的问题，让各族群众切身感受到党的关怀和祖国大家庭的温暖"⑤。

社会的稳定与发展体现在社会政治、经济、文化、环境等各个方面的稳定与发展，民族地区亦是如此，结合民族地区自身特点，更加强调民族团结、民族平等、社会治安稳定、民族区域经济发展等方面。就研究内容来看，本研究将"稳定与发展"定义为政令畅通，治安稳定，民族团结，民心安定，社会成员各司其职，经济发展水平稳步提高。

---

① 崔茂林. 对民族地区稳定与发展的思考——兼论西藏"两手抓"方针 [J]. 民族研究，1990（6）：20.
② 唐皇凤. 稳定与发展双重视阈下的中国社会建设 [J]. 人文杂志，2013（6）：104.
③ 桑杰. 关于毛泽东民族区域自治思想的几点思考 [EB/OL]. [2013 - 12 - 26]. http：//dangshi. people. com. cn/n/2013/1226/c85037 - 23948554. html.
④ 中共中央统战部. 邓小平论统一战线·民族工作 [EB/OL]. [2018 - 09 - 23]. http：//cpc. people. com. cn/GB/64162/64171/65717/65720/4461152. html.
⑤ 习近平的民族观 [EB/OL]. [2015 - 08 - 24]. http：//politics. people. com. cn/n/2015/0824/c1001 - 27508701 - 3. html.

## 二 社区与城市社区

"社区"一词来源于拉丁语，本意为关系密切的伙伴和共同体。1871 年英国学者 H. S. 梅因出版的《东西方村落社区》一书，首先使用了"社区"这个名称①。1881 年德国社会学家斐迪南·滕尼斯将 Gemeinschaft（一般译为社区、集体、团体、共同体、公社等）一词用于社会学②，1887 年他进而在自己的著作《社区和社会》中最早从社会学理论研究的角度频繁使用了社区的概念。在滕尼斯看来，社区是一种由同质人口组成的具有价值观念一致、关系密切、出入相友、守望相助等特点的富有人情味的社会群体③。与社区相对应，社会则是建立在权力、法律和制度基础上的社会联合体，人们通过分工和契约发生联系，以自我为中心，以利益为主导，彼此隔阂，关系冷漠。滕尼斯的社区概念和社区理论开了社区研究的先河。我国最早引入并使用"社区"一词的是社会学家吴文藻，他于 20 世纪 30 年代使用该词并力倡中国开展社区研究④。

目前，"社区"已经成为现代科学中歧义最多、内容最复杂的概念之一。据不完全统计，有关社区的定义已达 150 余种⑤。美国社会学家乔纳森（Christien T. Jonassen）对"社区"概念的梳理研究发现，大部分研究者同意"社区"的界定应该包含以下要素：①人口集团；②地域；③部分与劳动分工的互赖体系；④文化特质；⑤归属感；⑥自我维持与发展⑥。从共同要素出发，本研究认为社区就是居住在一定地域范围内、由一定数量人口组成的、具有社会互动关系并形成

---

① 袁秉达，孟临. 社区论 [M]. 上海：中国纺织大学出版社，2005：2.
② 唐忠新. 中国城市社区建设概论 [M]. 天津：天津人民出版社，2000：1.
③ 章人英. 普通社会学 [M]. 上海：上海教育出版社，1990：145.
④ 王振海. 社区政治论——人们身边悄悄进行的社会变革 [M]. 太原：山西人民出版社，2003：2.
⑤ 徐晓军. 城市自治社区的定位及其特征 [J]. 北京社会科学，2001（4）：140.
⑥ 潘小娟，史卫民，观望. 城市基层权力重组：社区建设探论 [M]. 北京：中国社会科学出版社，2006：232 - 233.

了特定文化心理的相对独立、稳定的社会生活共同体。

根据社区中人口的密度、人们的生产活动及其他活动性质，社区可以划分为城市社区和农村社区。为了保持实践中的统一，中办发〔2000〕23号文件做出规定："目前城市社区的范围，一般是指经过社区体制改革作了规模调整的居民委员会辖区。"这一规定的实质是将城市社区定位在居委会层面。因此，本研究所说的西北民族地区城市社区的范围是城市居委会辖区。

### 三 民族社区、多民族社区与民族互嵌式社区

国内许多研究者从不同的角度对"民族社区"的含义进行了分析，但仍存在较大争议。例如，一些研究者并未对"民族社区"与"少数民族社区"进行区分，认为"民族社区"只是"少数民族社区"的简称，二者可替换使用。也有一些研究者提出，"民族社区"与"少数民族社区"的指代不同，"民族社区"较"少数民族社区"的范围更广，不可简单替换。郑杭生认为，以特定的居住空间为基础，以单一少数民族或者某一少数民族作为主体，包含其他少数民族构成居住格局，不同民族的居民在生活的过程中，通过诸多互动方式而建立起文化认同感，进而形成紧密联系的群体，这一群体所构成的区域就是"民族社区"[1]。高永久、朱军基于对社区的社会性与民族性的研究，认为"民族社区"就是以少数民族社会成员为构成主体，以民族社会成员的共同的地缘和紧密的日常生活为基础的民族区域性社会，是一个兼具社会性和民族性的社会共同体[2]。

事实上，在城市范围内，城市化进程中，较"民族社区"来说，民族地区城市社区更多呈现为"多民族社区"的形态。"多民族社区"一词，虽然经常出现在学术研究中，但对此概念界定的研究较为缺乏。在一些学者的研究中，并未对"民族社区"与"多数民族

---

① 郑杭生.民族社会学概论［M］.北京：中国人民大学出版社，2005：61.
② 高永久，朱军.试析民族社区的内涵［J］.北方民族大学学报（哲学社会科学版），2010（1）：9.

社区"进行区分，认为"民族社区"就是"多数民族社区"的简称。对此，高永久、朱军认为，数量及文化特征可以作为"民族社区"重要的分类标准，以此可将"民族社区"分为"单一民族社区"与"多民族社区"①。本研究认为，由两个及以上民族的居民构成居民主体，在特定的生活区域内结成紧密的相互联系而共同生活，并且，每一个组成民族的居民在数量上都达到了一定的规模，能够对共同的生活产生影响，这样的一个生活共同体构成了"多民族社区"②。

习近平总书记在中央民族工作会议上指出，城市民族工作要把着力点放在社区，推动建立相互嵌入的社会结构和社区环境③。建设"民族互嵌式社区"有利于多民族社区内各民族不仅在地域和居住格局上嵌入，也在文化、心理等深层次方面相互嵌入、交流相融。对于"民族互嵌式社区"，研究者们这样定义：杨鹍飞从国家战略视角进行分析，将"民族互嵌式社区"界定为由两个以上（包括两个）民族共同居住并形成空间相错的同一区域内的共同体，这一共同体中的具有不同民族身份的成员之间形成自由交往交流并相互包容的关系④；张会龙认为，"民族互嵌式社区"就是指以一定的地域为基础，由不同民族成员组成的，多元文化之间平等相处、彼此尊重的社会利益共同体⑤；胡洁认为，"民族互嵌式社区"是公共空间下各民族树立起国家意识和中华民族命运共同体意识，从而形成的相互

① 高永久，朱军．试析民族社区的内涵［J］．北方民族大学学报（哲学社会科学版），2010（1）：10．
② 单菲菲．城市多民族社区管理模式研究［M］．北京：中国社会科学出版社，2011：63－66．
③ 中央民族工作会议暨国务院第六次全国民族团结进步表彰大会在京举行［EB/OL］．［2014－9－29］．http://www.xinhuanet.com/politics/2014－09/29/c_1112683008.htm．
④ 杨鹍飞．民族互嵌型社区：涵义、分类与研究展望［J］．广西民族研究，2014（5）：20．
⑤ 张会龙．论各民族相互嵌入式社区建设：基本概念、国际经验与建设构想［J］．西南民族大学学报（人文社会科学版），2015（1）：45．

了解、相互尊重、相互包容、亲密无间的结构关系①。综上所述，研究者们认为"民族互嵌式社区"应具备以下特征：在特定的生活场域中，不同民族（两个或两个以上）的居民及其不同的文化背景可以得到相互包容、相互尊重，进而结成紧密的社会利益共同体。本研究认为，"民族互嵌式社区"的形成是自然历史演进过程中政府发挥一定引导作用的结果，是一个政策性概念，具体是指由两个或两个以上民族居民基于共同的地域基础之上，形成的具有空间交错、文化交流、互相尊重认同关系的社会利益共同体。

### 四　社区治理

社区治理是治理理论在社区研究中的运用和发展。治理理论兴起于20世纪90年代，目前关于治理的各种定义中，全球治理委员会的定义较具代表性和权威性。该委员会提出，治理是各种公共的或私人的个人和机构管理其共同事务的诸多方式的总和。它是使相互冲突的或不同的利益得以调和并且采取联合行动的持续的过程。这既包括有权迫使人们服从的正式制度和规则，也包括各种人们同意或以为符合其利益的非正式的制度安排。它有四个特征：治理不是一整套规则，也不是一种活动，而是一个过程；治理过程的基础不是控制，而是协调；治理既涉及公共部门，也包括私人部门；治理不是一种正式的制度，而是持续的互动②。可以看出，"治理从头起便区别于传统的政府统治概念"③，它更强调国家与公民社会的合作、政府与非政府组织的合作、公共机构与私人机构的合作、强制与自愿的合作；是一个上下互动的管理过程，它主要通过合作、协商、伙伴关系、确立认同和共同目标等方式对公共事务进行管理。

---

① 胡洁.民族互嵌式社区的变迁轨迹和变迁机理——来自国际经验的启示［J］.西藏研究，2016（4）：115.
② 俞可平.治理与善治［M］.北京：社会科学文献出版社，2000：4-5.
③ 让-彼埃尔·戈丹.现代的治理，昨天和今天：借重法国政府政策得以明确的几点认识［J］.陈思，译.国际社会科学杂志（中文版），1999（1）：49.

在此基础上，关于社区治理，研究者们这样定义："为了处理社区内的公共事务，国家和社会组织所进行的管理活动。多元的参与者与多元的治理内容构成了社区治理的特点，其本质则为一系列公共管理活动的集合"①；强调多元参与者之间所形成的网络体系，认为社区治理是"依托于政府组织、民营组织、社会组织和居民自治组织以及个人等各种网络体系，应对社区内的公共问题，共同完成和实现社区社会事务管理和公共服务的过程"②；关注参与主体间的价值认同与协调，认为社区治理是"党、政府、居民及社区社会组织等多元主体在社区认同的基础上，协调利益关系，提供优质公共服务，协同处理公共事务，实现社区可持续发展的过程与机制"③。也就是说，治理理论的话语权下，研究者们对社区治理形成的共识包括：社区治理强调多元参与主体及主体间的合作；以实现社区公共事务的管理及公共服务水平的提高为目的，而采取的一系列联合行动；是一个动态的治理过程。

本研究认为社区治理应包含两方面的含义：一是治理结构，更多强调宏观层面的治理，强调国家对社区的权力运用，以及在社区治理中所形成的非正式制度安排；二是治理过程，包括政府与企业及非营利组织在内的各种公私组织、社区居民等结成的互动合作关系，在一个动态的博弈过程中，改变以往的管理模式，通过对话、协商等方式，来实现彼此共同的价值诉求过程。

## 第四节　研究思路与研究方法

### 一　研究思路

本研究要解决的核心问题是"社会发展、国家建构过程中，如

---

①　王巍. 社区治理结构变迁中的国家与社会 [M]. 中国社会科学出版社，2009：17-18.

②　夏建中. 治理理论的特点与社区治理研究 [J]. 黑龙江社会科学，2010 (2)：129.

③　郎友兴，葛俊良. 让基层治理有效地运行起来：基于社区的治理 [J]. 浙江社会科学，2014 (7)：65.

何实现以社区的稳定与发展促进西北民族地区城市的稳定与发展"。在回答这一问题时，在对相关理论与文献进行梳理的基础上，首先采用了问卷调查的方法，分析了西北民族地区城市社区的治理特征；其次，将社区治理看作管理活动，从城市多民族社区治理主体与治理内容的角度出发，结合城市多民族社区的现实特征，有重点、有针对性地分别选取了目前呈现数量较多的"村改居"多民族社区治理主体变化的案例、城市多民族社区服务的案例，以及老龄化社会背景下城市多民族社区养老服务的案例，进行深入剖析。在结合问卷数据总体分析西北民族地区城市社区治理特征的基础上，以及在结合案例研究深入剖析城市多民族社区治理面对的重点问题的基础上，提出如何以社区稳定与发展促进西北民族地区城市稳定与发展的策略组合。具体技术路线如图 1－1 所示。

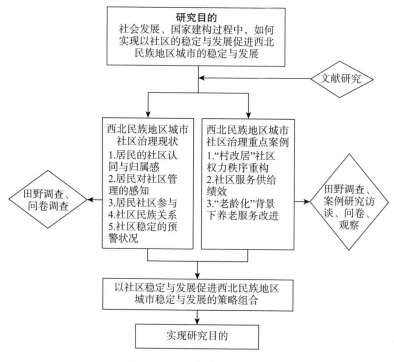

**图 1－1 研究的技术路线**

## 二 研究方法

在确定方法论（即研究的逻辑与哲学基础）之后，从操作层面来说，研究方法体系通常包括研究方式与具体方法和技术。研究方式指研究所采取的具体类型，具体方法和技术指研究过程中所使用的各种资料收集方法和分析方法。结合研究对象的特点，本研究采用了文献研究、案例研究和田野调查的研究方式，具体方法和技术包括观察法、访谈法和问卷法。

（一）研究方式的选择：文献研究、案例研究与田野调查

（1）文献研究。文献研究是一种通过收集和分析现存的文献资料，来探讨和分析各种社会行为、社会关系及其他社会现象的研究方式。本研究对民族学、政治学、社会学和公共管理学界相关的研究成果进行了梳理，从中寻找研究得以开展的研究基础、能够获得的理论解释视角，以及进一步"挖掘"的"空间"；在进行主要内容的研究时，对中央和地方的相关政策与制度、政府与社区的相关工作总结、统计数据等各种文献资料进行了收集、整理，从中探索西北民族地区城市社区治理的特征及其与区域稳定与发展的相互关系。

（2）案例研究。案例研究是"遵循一套预先设定的程序、步骤，对某一经验性、实证性课题进行研究的方式"①，其"研究的问题类型是'怎么样'和'为什么'，研究对象是目前正在发生的事件，研究者对于当前正在发生的事件不能控制或极少能控制"②。本研究的特点与案例研究比较相符。首先，正是要解决"怎么样"和"为什么"的问题：西北民族地区城市社区治理是什么样的？为什么会呈现出这些状态？又将如何影响当地的稳定与发展？其次，从对

---

① 罗伯特·K.殷.案例研究：设计与方法［M］.周海涛，主译.重庆：重庆大学出版社，2004：19.

② 罗伯特·K.殷.案例研究：设计与方法［M］.周海涛，主译.重庆：重庆大学出版社，2004：11.

研究对象的控制范围、程度以及研究对象的时代性质来看，"案例研究适合用于研究发生在当代但无法对相关因素进行控制的事件"，"它在不脱离现实生活环境的情况下研究当前正在进行的现象；待研究的现象与其所处环境背景之间的界限并不十分明显"①。本研究是把研究对象放在城市化与社区建设的双重背景中来考察，对于决定西北民族地区城市社区治理的因素没有办法像实验法那样加以控制，并且城市多民族社区管理模式与所处环境背景之间没有十分清晰的界限。

（3）田野调查。田野调查方法，就是研究者深入实际或现场做系统的调查研究，从而获得第一手资料的方法，也叫实地调查或现场调查②。可以说，其主要特征为：研究者一定要深入所研究对象的社会生活环境，且要在其中生活相当长一段时间，靠观察、询问、感受和领悟，去理解所研究的现象③。本研究深入新疆维吾尔自治区、宁夏回族自治区、甘肃省的多个城市多民族社区，进行实地调研，通过观察、访谈和问卷等具体方法和技术收集数据与资料，以期获得对西北民族地区城市社区治理及其对区域稳定与发展的影响的认识。

（二）具体方法和技术：观察法、深度访谈法和问卷法

（1）观察法。观察法是指带着明确的目的，用自己的感官和辅助工具去直接地、有针对性地了解正在发生、发展和变化着的现象④。观察法按照研究者的行为可以分为参与式观察与非参与式观察。所谓非参与式观察，是指研究者不参与研究对象的活动，尽可能不对研究对象及其所处环境产生影响。本研究主要采取了非参与式观察的方式，对"村改居"多民族社区的权力秩序重构、城市多

---

① 罗伯特·K.殷.案例研究：设计与方法［M］.周海涛，主译.重庆：重庆大学出版社，2004：16.

② 吴泽霖.民族学田野调查方法［J］.中国民族，1982（6）：34.

③ 风笑天.社会学研究方法［M］.北京：中国人民大学出版社，2009：257.

④ 风笑天.社会学研究方法［M］.北京：中国人民大学出版社，2009：266.

民族社区服务供给状况及社区居民对此的感知与态度，尤其是城市多民族社区中的养老服务状况进行了观察。

（2）问卷调查法。问卷调查是指采用自填式问卷的方式，系统地、直接地从一个取自某种社会群体的样本那里收集资料，并通过对资料的统计分析来认识社会现象及其规律的社会研究方式①。为了了解西北民族地区城市社区治理的现实特征，尤其是与社区稳定和发展密切相关的社区服务的状况，本研究设计了"'促进西北民族地区城市稳定与发展的社区治理策略研究'调查问卷"和"'城市多民族社区服务居民需求'调查问卷"，通过非概率抽样的方式选取城市多民族社区及其居民进行填写，获得了用来认识和分析城市多民族社区治理状况的一手资料（问卷抽样、发放和回收情况详见第二章）。

（3）深度访谈法。深度访谈法指详尽地探索某一话题的任一方面或全部方面②，是研究者通过口头谈话的方式从被研究者那里收集第一手资料的一种研究方法③。"通过质性访谈，可以理解和重构那些（研究者）没有参与的事件"，"质性访谈研究尤擅描述社会和政治过程，也就是事物怎样变化和为什么变化"④。因此，本研究采用了深度访谈的方法，对新疆维吾尔自治区、宁夏回族自治区、甘肃省中的城市多民族社区中的居委会工作人员、汉族与少数民族居民、参与社区治理的社会组织人员，以及政府相关工作人员进行了深度访谈，以期获得有关西北民族地区城市社区治理的详尽信息与显著特征。

---

① 风笑天. 社会学研究方法 [M]. 北京：中国人民大学出版社，2009：159.
② 斯蒂芬·L. 申苏尔，琼·J. 申苏尔，玛格丽特·D. 勒孔特. 民族志方法要义：观察、访谈与调查问卷 [M]. 康敏，李荣荣，译. 重庆：重庆大学出版社，2012：85.
③ 陈向明. 质的研究方法与社会科学研究 [M]. 北京：教育科学出版社，2000：165.
④ 赫伯特·J. 鲁宾，艾琳·S. 鲁宾. 质性访谈方法：聆听与提问的艺术 [M]. 卢晖临，连佳佳，李丁，译. 重庆：重庆大学出版社，2012：2 - 3.

# 第二章　西北民族地区城市社区治理的现实特征：基于问卷数据的分析

为了全面了解西北民族地区城市社区治理的特征，以便设计出通过社区稳定与发展促进区域稳定与发展的战略对策，本研究运用非概率抽样的方式，从新疆维吾尔自治区、宁夏回族自治区以及甘肃省的临夏回族自治州和甘南藏族自治州选取社区及社区居民进行问卷调查。通过问卷调查了解、把握这些省（区）城市多民族社区的治理现状。

## 第一节　问卷调查基本情况说明

### 一　关于问卷内容的设计

为了科学、严谨地体现研究主题，本研究设计了"促进西北民族地区城市稳定与发展的社区治理策略研究"的调查问卷（参见附录一），问卷主要从社区居民的社区认同与归属感、居民对社区管理的感知、社区居民参与、社区民族关系、社区稳定的预警状况五个维度（如图 2 - 1 所示），对西北民族地区城市社区的治理状况进行调查。

（一）居民的社区认同与归属感

本研究在"居民的社区认同与归属感"维度共设计了 6 个问题，分别从居民对社区的认知、居民对社区的情感、居民间的互动关系等方面来考察西北民族地区城市社区居民的社区认同与归属感，如

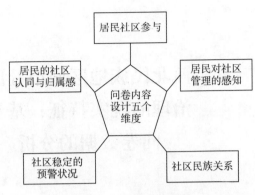

图 2 - 1 问卷内容设计

表 2 - 1 所示。

表 2 - 1 西北民族地区城市社区居民的社区认同与归属感考察题目设计

| 测量维度 | 题目 |
| --- | --- |
| 居民的社区认同与归属感 | 您知道自己属于哪个社区吗 |
| | 您是否愿意在现在所在的社区长期居住 |
| | 您会觉得自己是社区内重要的一分子吗 |
| | 社区内有人破坏环境或破坏公共设施，您是否会制止 |
| | 您认为所居住的社区内，居民是否相互到家里走访 |
| | 如果您生活上遇到困难，会向谁求助 |

（二）居民对社区管理的感知

本研究在"居民对社区管理的感知"维度共设计了 6 个问题，这些问题分别从居民对社区相关法律法规、制度规范的认识，居民对居委会干部及其日常工作的感受等方面来考察西北民族地区城市社区居民对社区管理的感知，如表 2 - 2 所示。

表 2 - 2 西北民族地区城市社区居民对社区管理的感知考察题目设计

| 测量维度 | 题目 |
| --- | --- |
| 居民对社区管理的感知 | 您对《居民委员会组织法》了解吗 |
| | 您认为社区居委会的性质是什么 |

续表

| 测量维度 | 题目 |
| --- | --- |
| 居民对社区管理的感知 | 您认为您所在街道办事处与社区居委会的关系是什么 |
| | 您认为社区居委会干部应该如何产生 |
| | 您所在社区中的重要事项决策时，社区居委会是否征求社区居民意见 |
| | 您对社区居委会的工作满意吗 |

（三）居民社区参与

本研究在"居民社区参与"维度共设计了6个问题，这些问题从居民参与社区各类活动的情况，以及居民参与社区活动的意愿、主动性等方面来考察西北民族地区城市社区居民的社区参与状况，如表2-3所示。

表2-3　西北民族地区城市社区居民社区参与考察题目设计

| 测量维度 | 题目 |
| --- | --- |
| 居民社区参与 | 您是否参加过社区居委会的选举，参加选举时您对社区居委会候选人的情况是否了解 |
| | 您对社区的一些公告、通知是否关注 |
| | 您参加过社区居委会召开的会议吗，您愿意参加这种会议吗 |
| | 您最愿意参加社区举办的哪项活动 |
| | 您向社区居委会反映过问题吗，是否得到解决 |
| | 如果有问题影响整个社区，您会主动发动其他居民一起解决问题吗 |

（四）社区民族关系

本研究在"社区民族关系"维度方面共设计了4个问题，这些问题分别从居民对社区内不同民族居民彼此间的关系感知与沟通情况等方面考察西北民族地区城市社区民族关系，如表2-4所示。

表2-4　西北民族地区城市社区民族关系考察题目设计

| 测量维度 | 题目 |
| --- | --- |
| 社区民族关系 | 您希望居住在哪种社区 |

| 测量维度 | 题目 |
|---|---|
| 社区民族关系 | 您认为，社区中与本民族居民相比，与其他民族居民交流困难吗 |
| | 您认为您周围不同民族居民之间的关系如何 |
| | 您认为您周围的居民是否尊重少数民族居民的风俗习惯 |

### （五）社区稳定的预警状况

本研究在"社区稳定的预警状况"维度方面共设计了7个问题，这些问题分别从居民对自身情况及社会福利的满意度、居民对社区内各项服务的满意度、居民对社会突出问题的态度等方面考察西北民族地区城市社区预警状况，如表2-5所示。

表2-5 西北民族地区城市社区稳定的预警状况考察题目设计

| 测量维度 | 题目 |
|---|---|
| 社区稳定的预警状况 | 您对目前所从事的职业是否满意 |
| | 您对目前个人的收入是否满意 |
| | 您对目前社会的养老保障是否满意 |
| | 您对目前社会的失业保障是否满意 |
| | 您对目前社会的医疗保障是否满意 |
| | 您对您所在的社区的医疗卫生、各类知识宣传普及、社区服务、社区治安、社区内各民族关系、环境绿化满意程度怎么样 |
| | 您如何认识以下社会问题：腐败问题、贫富差距扩大、看病就医难、养老难、住房难、生态环境破坏 |

## 二 问卷发放情况说明

本研究选择了新疆维吾尔自治区吐鲁番市的 G 社区、宁夏回族自治区银川市的 Y 社区和 C 社区、甘肃省临夏回族自治州临夏市的 X 社区和甘南藏族自治州合作市的 Z 社区作为样本社区，进行问卷调查。在这一选择过程中，采用了非概率抽样中的效标抽样。效标抽样，是指事先为抽样设定一个标准或一些基本条件，然后选择符合这个标准或这些条件的个案进行研究①。由于研究的对象较为特殊（即多民族聚居的城市社区），如果按照概率抽样在西北民族地区的城市中选取社区，很可能不能满足研究对象所要求的条件，所以采用效标抽样来限定样本社区所需符合的条件。而在上述 G 社区、Y 社区、C 社区、X 社区和 Z 社区的调研得到了政府机构和社区居委会的支持，获得了大量一手资料，这对于一个研究来说显然非常重要。在上述社区向各族居民发放问卷时，本研究进一步采用了非概率抽样中的偶遇抽样、判断抽样、雪球抽样等方式。上述社区的基本情况及社区内的问卷发放情况如下。

G 社区位于新疆维吾尔自治区吐鲁番市，东至东环中路、西至柏孜克里克中路、南至文化东路、北至绿洲东路。辖区面积 1 平方公里，总户数 3278 户，总人口为 8535 人，居住汉、回、维等 12 个民族，其中汉族 4469 人、维吾尔族 3401 人、回族 656 人，少数民族人口占据社区总人口的近 48%，属于典型的多民族社区。在 G 社区，本研究的课题组发放问卷 100 份，回收有效问卷 97 份，问卷调查对象的基本信息情况如图 2-2 所示。

在甘肃省，本研究选取了 Z 社区和 X 社区发放问卷。Z 社区位于甘南藏族自治州合作市，社区内居住着汉族 570 人、藏族 903 人、回族 1870 人，是一个典型的汉、藏、回多民族聚居社区。X 社区位于甘肃省临夏回族自治州临夏市，该社区共有 6 个居民小组，896 户 2903 人，其中少数民族人口占社区总人口的 54%。在 Z 社区与 X 社区，本研究的课题组发放问卷共计 220份，回收有效问卷 209 份。问卷调查对象的基本信息情况如图 2-3 所示。

---

① 陈向明. 质的研究方法与社会科学研究 [M]. 北京：教育科学出版社，2000：108.

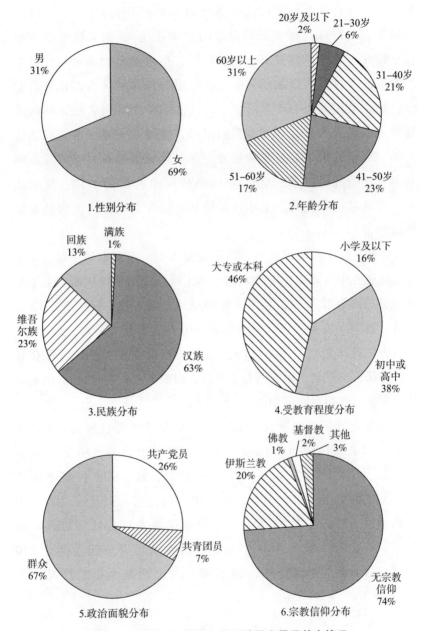

1.性别分布

2.年龄分布

3.民族分布

4.受教育程度分布

5.政治面貌分布

6.宗教信仰分布

图2-2 新疆吐鲁番市 G 社区被调查居民基本情况

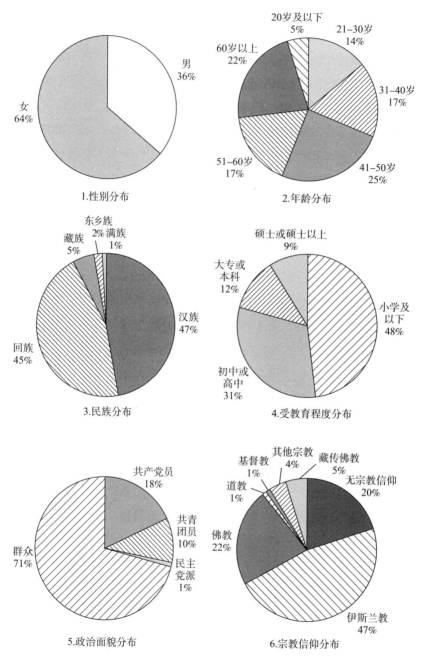

1.性别分布

2.年龄分布

3.民族分布

4.受教育程度分布

5.政治面貌分布

6.宗教信仰分布

**图 2－3 甘肃 Z 社区与 X 社区被调查居民基本情况**

　　Y 社区与 C 社区均位于宁夏回族自治区银川市金凤区。Y 社区成立于 2005 年 3 月，属于"村改居"社区，社区辖区面积 2.9 平方公里，管辖四个住宅小区，一个商业圈，包括公寓 7 栋，写字楼 3 栋，居民楼 87 栋。辖区内常住人口约 7657 户 22971 人，其中少数民族人口约 1382 户 4146 人，占辖区总人口数的 18%。辖区内流动人口 827 人，其中少数民族流动人口 117 人。C 社区成立于 2003 年 8 月，辖区面积 1.5 平方公里，管辖 17 个居民小区 123 幢楼宇，5950 户 14420 人，其中老年人 1003 人。在 Y 社区与 C 社区，本研究的课题组发放问卷共计 200 份，回收有效问卷 181 份。被调查者的基本信息情况如图 2-4 所示。

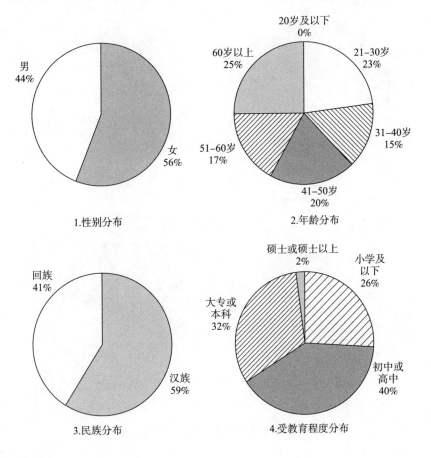

1.性别分布

2.年龄分布

3.民族分布

4.受教育程度分布

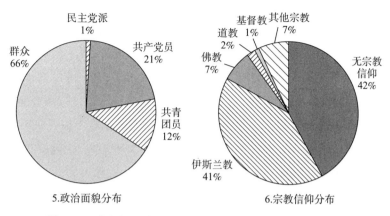

5.政治面貌分布　　　　　　6.宗教信仰分布

图 2 - 4　宁夏银川市 Y 社区与 C 社区被调查居民基本情况

## 第二节　被调研社区的问卷数据描述

### 一　新疆维吾尔自治区 G 社区的数据呈现

#### （一）居民的社区认同与归属感

对新疆维吾尔自治区 G 社区居民的问卷调查显示：被调查居民中，有95%的居民知道自己属于哪个社区，而不知道自己所属社区的居民仅仅占5%左右，可以看出绝大多数被调查居民有清晰的社区边界感；图 2 - 5 - 1① 呈现了 G 社区被调查居民对于自己所在社区的肯定程度，有56%表示非常愿意在该社区内长期居住，还有30%表示比较愿意，加总可得大约86%的被调查者都愿意在该社区内长期居住，数据反映出被调查居民对于所生活社区的认同程度非常高；图 2 - 5 - 2 呈现的是被调查居民在社区的存在感，有61%认为自己

---

① 由于本章图表量较大，所以自此处开始，图序采取了一个维度一个图序群的表示方式，例如 G 社区"居民的社区认同与归属感"涉及的图，都采用 2 - 5 - X 的形式。当描述下一维度"居民对社区管理的感知"时，采用 2 - 6 - X 的标序形式。

是社区内的重要一分子，可以说，一半以上的被调查居民的社区存在感都较高。

另外，居民的社区认同与归属感维度之下还有两个问题，主要描述由于居民的社区认同与归属感而衍生出来的一些行为：对于"如果社区内有人破坏环境或者公共设施"这一问题，被调查者中，57%表示自己会经常制止这种行为，30%表示偶尔会，而仅仅有2%的被调查者表示从来不会制止（如图2-5-3所示）；在问及该社区内居民是否互相到家里走访，被调查者的回答有多种，总体上看来选择走访"很多"和"较多"选项的加起来占比43%，只有7%的被调查者认为很少互相走访（如图2-5-4所示）。

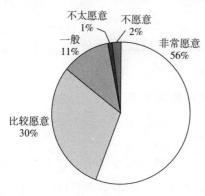

图2-5-1 居住意愿

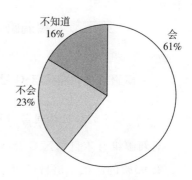

图2-5-2 社区存在感

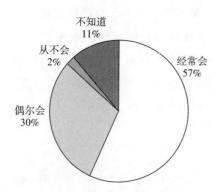

图2-5-3 对社区破坏行为的制止

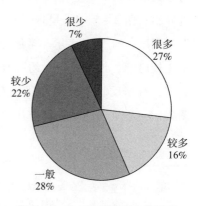

图2-5-4 社区居民走访互动

（二）居民对社区管理的感知

在调查居民对社区管理的感知时，主要从两方面着手。首先，考察了居民对于社区组织管理机制的了解程度。调查结果显示：对于《居民委员会组织法》，有28%的被调查者表示非常了解，但是也有27%的被调查者表示完全没听说过（如图2-6-1所示）；对于社区居委会的性质，有69%的被调查居民认为社区居委会是政府组织，而认为社区居委会是自治组织（正确选项）的被调查者仅仅占到7%（如图2-6-2所示）；对于街道办事处和社区居委会的关系，有超过一半的被调查者认为是领导与被领导关系（如图2-6-3所示）；此外，有58%的被调查者认为社区居委会应该由居民选举产生（如图2-6-4所示）。从上述问卷问题选择结果可以看出，G社区被调查者中大多数对社区管理机制的了解并不清晰准确，但是存在希望自治组织进行民选的意愿。

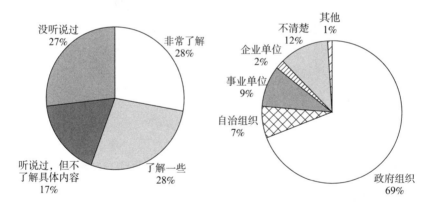

**图2-6-1 对《居民委员会组织法》的认知**　　**图2-6-2 对居委会性质的认知**

其次，考察了居民对社区管理活动的感知以及满意程度。调查结果显示：社区有重要事项需要决策时，有10%的被调查居民表示社区居委会不会征求居民意见，还有29%的被调查者表示不知道（如图2-6-5所示）；对于居委会的工作，有44%的被调查居民表示非常满意，37%表示比较满意（如图2-6-6所示）。通过问卷调查可以看出，G社区被调查者中近40%并不了解社区管理活动的决策环节，但是对社区居委会的工作较为满意。

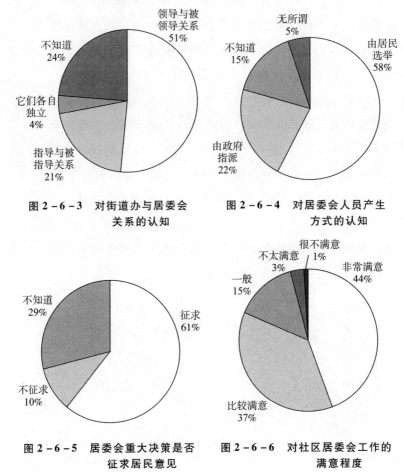

图2-6-3　对街道办与居委会
关系的认知

图2-6-4　对居委会人员产生
方式的认知

图2-6-5　居委会重大决策是否
征求居民意见

图2-6-6　对社区居委会工作的
满意程度

（三）社区居民参与

在考察社区居民参与的意识和程度时，本研究首先考察了居民对于社区居委会选举的参与程度，调查结果显示：26%的被调查者表示不知道有选举也没有参加过，还有40%的被调查者表示知道有选举但是没有参加过。而表示参加过选举且较了解或非常了解候选人的被调查者仅有20%左右。由此可以看出，G社区被调查居民对于社区选举的参与程度比较低。另外，对于社区居委会召开的会议，

42%的被调查者表示参加过也愿意参加，48%的被调查者表示虽然没有参加过但是愿意参加，而不愿意参加的仅占到10%（如图2-7-1所示）。可以看出G社区被调查的绝大多数居民有参与意愿，但实际参与行为不足。

社区居民对于社区事务的参与意识是否强烈，最直观的表现莫过于对社区公告、通知的关注程度，这也是居民接触社区事务最直接方便的渠道。社区的公告和通知反映出社区一些基本事项，然而在这一问题的调查中，本研究发现，G社区有61%的被调查居民表示会关注，而表示一般、无所谓和不关注的被调查者占到了将近40%（如图2-7-2所示），由此可见，该社区内居民对于社区事务的参与主动性不足。但是当问及如果有问题影响到整个社区，会不会主动发动其他居民一起解决问题的时候，有69%的被调查居民选择了会发动，选择不会发动的仅有15%，剩下的被调查居民都选择了不知道，由此可见，尽管前一部分调查结果显示该社区内居民对于社区事务的参与主动性不足，但是当有问题影响到整个社区进而可能影响到自己生活的时候，大部分的居民还是会主动发动其他居民来解决问题。

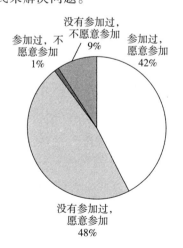

**图2-7-1 居民参与社区会议的意愿及行为**

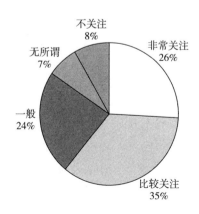

**图2-7-2 居民对社区公告、通知的关注**

对于有意愿参与的活动的类型，仅仅有5%的被调查者表示最愿意参加社区的选举活动，这与前文所述的调查结果具有高度相似性，有62%的被调查者最想参与的是社区内的各类文体娱乐活动（如图2-7-3所示），所以G社区内工作人员如果想要提升社区居民参与度，从组织各类文体娱乐活动入手是一个可行的选择。另外，G社区有56%的被调查者没有向社区反映过问题，而在反映过问题的居民中，大多数人表示是解决了一部分的，问题没有得到解决的和解决得很好的都是属于少数（如图2-7-4所示）。

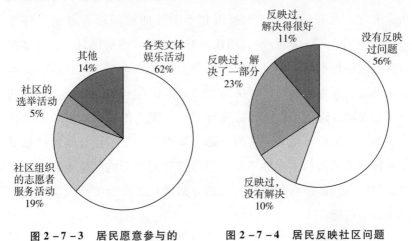

图2-7-3 居民愿意参与的　　图2-7-4 居民反映社区问题
　　　　社区活动类型　　　　　　　　与解决状况

（四）社区民族关系

关于社区民族关系，调查结果显示：在愿意选择哪种类型的社区居住时，有27%的被调查居民选择了多民族杂居的城市社区，还有50%的被调查者认为居住的社区是多民族杂居还是本民族聚居无所谓，但是也有21%的被调查者表示喜欢与本民族聚居（如图2-8-1所示）；在社区内与其他民族居民的交流方面，超过70%的被调查居民选择了没区别或者不困难（如图2-8-2所示）；考察周围不同民族居民之间的关系时，有34%的被调查者选择了非常融洽，还有56%选择了比较融洽（如图2-8-3所示）；对少数民族风俗习惯的尊重方面，有65%的被调查者选择都很尊重，还有29%选择了大部分尊重（如图 2 - 8 - 4 所示）。该维度的问卷数据结果显示，G 社区内民族关系较为融洽，也有进一步互嵌的空间。

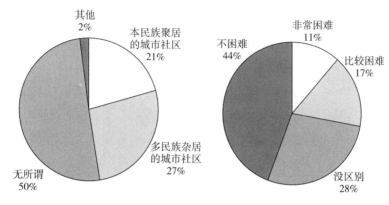

图 2 - 8 - 1　居民居住社区类型
　　　　　 的选择意愿

图 2 - 8 - 2　与其他民族居民
　　　　　 交流情况

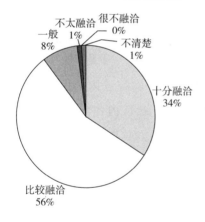

图 2 - 8 - 3　对社区不同民族
　　　　　 居民关系感知

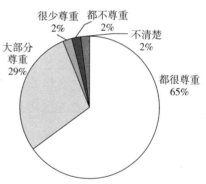

图 2 - 8 - 4　对少数民族居民风俗
　　　　　 习惯的尊重

（五）社区稳定的预警状况

社区稳定的预警状况主要是对可能产生影响社区稳定与发展的状况进行判断。本研究从个人、社区和社会三个角度考察了居民对目前生活的满意度，来了解社区、社会稳定的预警状况。调查数据显示：从个人角度，对于自己职业的满意度较高，分别有 42% 和 29% 的被调查者表示非常满意和较为满意（如图 2 - 9 - 1 所示）；对于自己收入的满意度虽然不及职业满意度，但是选择满意的被调查者超过一半，也有9%和3%的被调查居民表示较不满意和非常不满（如图2-9-2所示）。从个人层面来说，较高的个人收入满意度、职业满意度降低了G社区不稳定的风险。

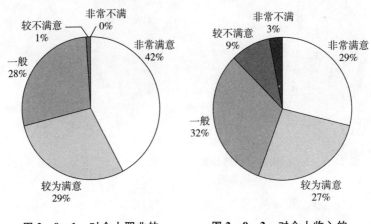

图2-9-1 对个人职业的
满意程度

图2-9-2 对个人收入的
满意程度

从社区角度，G社区被调查者对自己所在社区内的医疗卫生、各类知识宣传普及、社区服务、社区治安、社区内各民族关系、环境绿化等各个方面都没有居民选择非常不满。总体来看，对医疗卫生的满意度在这几项中偏低；对民族关系的满意度最高；对社区服务的满意度相对较高（如图2-9-3所示）。

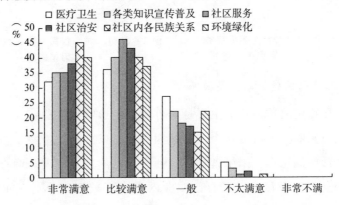

图2-9-3 对社区管理各个方面的满意程度

　　从社会角度，居民对医疗保障和养老保障的态度基本一致，都是有超过 60% 的被调查居民表示满意，但是对于失业保障，满意度明显不及前两项（如图 2-9-4 所示）。对于目前的社会问题，G 社区被调查居民所持有的态度普遍较为乐观，每一项社会问题都有超过 40% 的被调查居民认为是越来越少见的。区分来看，由于反腐力度加大，有近 70% 的被调查居民认为腐败问题已经少见。对看病就医难和住房难的问题所持有的态度也是较为乐观。但是对于贫富差距扩大的问题，有将近 20% 的被调查居民认为是越来越严重，这是一个需要引起重视的警兆。同样不乐观的还有养老难问题，有将近 30% 的被调查者认为养老难问题持续原状（如图 2-9-5 所示）。

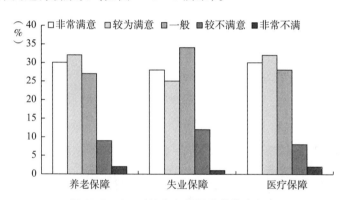

图 2-9-4　对社会各类保障的满意程度

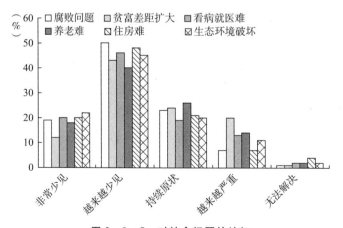

图 2-9-5　对社会问题的认知

## 二 甘肃省 Z 社区与 X 社区的数据呈现

### (一) 居民的社区认同与归属感

在对甘肃省甘南藏族自治州 Z 社区和临夏回族自治州 X 社区居民的问卷调查显示：有 91% 的被调查居民知道自己属于哪个社区，不知所属社区的被调查居民仅占比 8% 左右，可以看出绝大多数被调查居民有清晰的社区边界感。图 2 - 10 - 1 呈现了 Z 社区和 X 社区被调查居民对于自己所在社区的肯定程度，有 50% 表示非常愿意在该社区内长期居住，还有 31% 表示比较愿意，加总可得大约 80% 的被调查者愿意在该社区内长期居住，数据反映出被调查居民对于所生活社区的认同程度比较高。而图 2 - 10 - 2 呈现的被调查居民在社区的存在感，有 58% 认为自己是社区内的重要一分子，可以说，一半以上的被调查居民的社区存在感都较高。

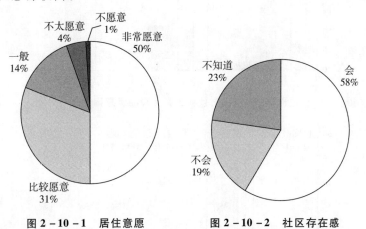

图 2 - 10 - 1　居住意愿　　　　图 2 - 10 - 2　社区存在感

另外，有关由于居民社区认同与归属感而衍生出来的一些行为的调查结果显示：对于如果社区内有人破坏环境或者公共设施，被调查者中，64% 表示自己会经常制止这种行为，29% 表示偶尔会，而仅仅有 5% 的被调查者表示从来不会制止（如图 2 - 10 - 3

所示）；在问及该社区内居民是否互相到家里走访，被调查者的回答有多种，总体上看来，选择"很多"和"较多"选项的加起来占比 51%，有 25% 的被调查者认为较少或很少互相走访（如图2－10－4 所示）。

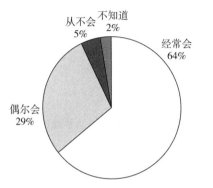

图 2 － 10 － 3　对社区破坏　　图 2 － 10 － 4　社区居民走访互动
　　　　　　行为的制止

（二）居民对社区管理的感知

在调查居民对社区管理的感知时，首先，考察了居民对于社区组织管理机制的了解程度。调查结果显示：对于《居民委员会组织法》，有 19% 的被调查者表示非常了解，但是也有 38% 的被调查者表示完全没听说过（如图 2 － 11 － 1 所示）；对于社区居委会的性质，有 56% 的被调查居民认为社区居委会是政府组织，而认为社区居委会是自治组织（正确选项）的被调查者仅仅占到 5%（如图 2 － 11 － 2 所示）；对于街道办事处和社区居委会的关系，有超过一半的被调查者认为是领导与被领导关系（如图 2 － 11 － 3 所示）；此外，有57% 的被调查者认为社区居委会应该由居民选举产生（如图 2 － 11 － 4 所示）。从上述问卷问题选择可以看出，Z 社区和 X 社区的被调查者中大多数对社区管理机制的了解同样不清晰、准确，但是存在希望自治组织进行民选的意愿。

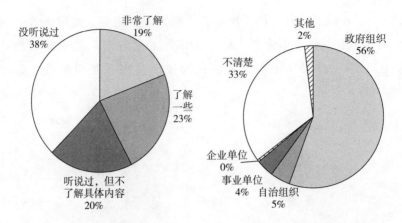

**图 2 – 11 – 1  对《居民委员会组织 图 2 – 11 – 2  对居委会性质的认知
法》的认知**

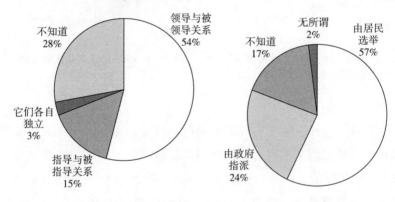

**图 2 – 11 – 3  对街道办与居委会 图 2 – 11 – 4  对居委会人员产生
关系的认知 方式的认知**

其次，考察了居民对社区管理活动的感知以及满意程度。调查结果显示：社区有重要事项需要决策时，有 16% 的被调查居民表示社区居委会不会征求居民意见，还有 15% 的被调查者表示不知道（如图 2 – 11 – 5 所示）；对社区居委会工作的满意度，有 33% 的被调查居民表示非常满意，45% 表示比较满意（如图 2 – 11 – 6 所示）。通过问卷调查可以看出，Z 社区和 X 社区被调查者中超过 30% 并不了解社区管理活动的决策环节，但是对社区居委会的工作较为满意。

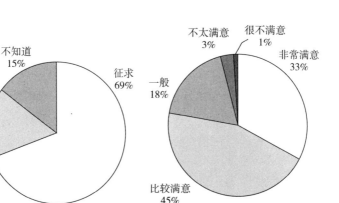

图 2 - 11 - 5　居委会重大决策是否　　图 2 - 11 - 6　对社区居委会工作
　　　　　　征求居民意见　　　　　　　　　　　的满意程度

**（三）社区居民参与**

在考察社区居民参与的意识和程度时，本研究首先考察了居民对于社区居委会选举的参与程度，调查结果显示：34% 的被调查者表示不知道有选举也没有参加过，还有 21% 的被调查者表示知道有选举但是没有参加过；而表示参加过选举、较为或非常了解候选人的被调查者仅有 27% 左右。由此可以看出，Z 社区和 X 社区被调查居民对于社区选举的参与程度比较低。另外，对于社区居委会召开的会议，51% 的被调查者表示参加过也愿意参加，38% 的被调查者表示虽然没有参加过但是愿意参加，而不愿意参加的仅仅占到 11%（如图 2 - 12 - 1 所示）。可以看出 Z 社区和 X 社区被调查的绝大多数居民有参与意愿，但实际参与行为不足。但是当问及如果有问题影响到整个社区，会不会主动发动其他居民一起解决问题的时候，Z 社区和 X 社区内有 74% 的被调查居民选择了会发动，选择不会发动的仅有 15%，剩下的被调查居民选择了不知道。由此可见，这两个社区居民本身对于社区事务有愿意知情的主动性，他们对于会影响到整个社区的一些问题有着比较高的关注度，绝大部分的居民是会主动发动其他居民解决问题。对于社区公告和通知的关注度情况，Z 社区和 X 社区 75% 的被调查居民表示会关注，而表示一般、无所谓和不关注的被调查者占 25%（如图 2 - 12 - 2 所示），这也反映出 Z 社区和 X 社区被调查居民对社区事务有愿意知情的主动性。

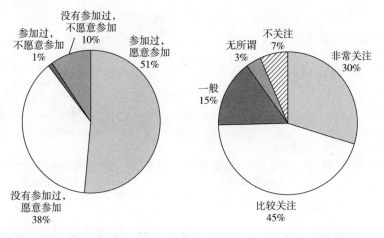

图 2 – 12 – 1　居民参与社区会议　　图 2 – 12 – 2　居民对社区公告、
　　　　　　　的意愿及行为　　　　　　　　　　　　通知的关注

　　对于有意愿参与的活动的类型，有 22% 的被调查者表示最愿意参加社区的选举活动，表明 Z 社区和 X 社区被调查者中有参与社区公共事务意愿的居民占据相当数量，有 41% 的被调查者最想参与的是社区组织的志愿者服务活动（如图 2 – 12 – 3 所示），这显示出 Z 社区和 X 社区具有较好的社区治理潜力；另外，Z 社区和 X 社区有 44% 的被调查者没有向社区反映过问题，而在反映过问题的居民中，极少数人表示反映过的问题完全没有得到解决，绝大多数居民认为反映过的问题解决了一部分或者解决得很好（如图 2 – 12 – 4 所示）。

　　（四）社区民族关系

　　关于社区民族关系，调查结果显示：在愿意选择哪种类型的社区居住时，有 35% 的被调查居民选择了多民族杂居的城市社区，还有 32% 的被调查者认为居住的社区是多民族杂居还是本民族聚居无所谓，但是也有 31% 的被调查者表示喜欢与本民族聚居（如图 2 – 13 – 1 所示）；在社区内与其他民族居民的交流方面，接近 80% 的被

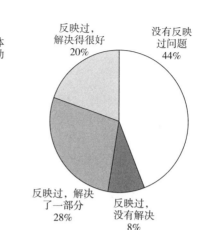

图 2 - 12 - 3　居民愿意参与的　　　　图 2 - 12 - 4　居民反映社区问题
　　　　　社区活动类型　　　　　　　　　　　与解决状况

调查居民选择了没区别或者不困难（如图 2 - 13 - 2 所示）；考察周围不同民族居民之间的关系时，有 29% 的被调查者选择了十分融洽，还有 58% 选择了比较融洽（如图 2 - 13 - 3 所示）；对少数民族风俗习惯的尊重方面，有 64% 的被调查者选择都很尊重，还有 34% 选择了大部分尊重（如图 2 - 13 - 4 所示）。该维度的问卷数据结果显示，Z 社区和 X 社区内民族关系较为融洽，不过也有进一步互嵌的空间。

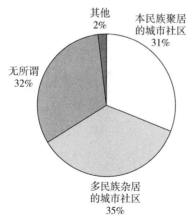

图 2 - 13 - 1　居民居住社区类型
　　　　　的选择意愿

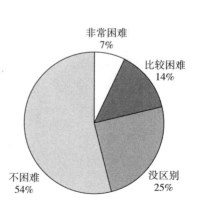

图 2 - 13 - 2　与其他民族居民
　　　　　交流情况

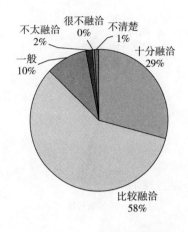

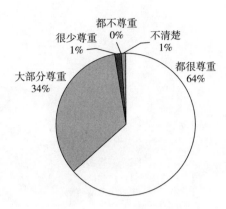

**图 2 - 13 - 3　对社区不同民族　　　　图 2 - 13 - 4　对少数民族居民风俗**
**　　　　居民关系感知　　　　　　　　　　　习惯的尊重**

（五）社区稳定的预警状况

调查数据显示：从个人角度，甘肃省 Z 社区与 X 社区被调查居民对于自己职业的满意度差别较大，分别有 15% 和 36% 的被调查者表示非常满意和较为满意，29% 的被调查者表示一般，还有 15% 和 5% 的被调查者表示较不满意和非常不满（如图 2 - 14 - 1 所示）。被调查者对于自己收入的满意度就不及职业满意度了，选择满意的被调查者为 34%，28% 和 11% 的被调查居民表示较不满意和非常不满（如图 2 - 14 - 2 所示）。从个人层面来说，提升个人收入满意度有助

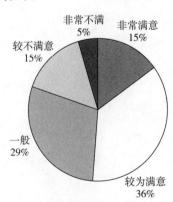

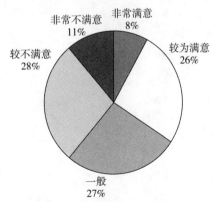

**图 2 - 14 - 1　对个人职业的　　　　图 2 - 14 - 2　对个人收入的**
**　　　　满意程度　　　　　　　　　　　满意程度**

于降低 Z 社区和 X 社区不稳定的风险。

　　调查数据显示：从社区角度，Z 社区和 X 社区被调查者对自己所在社区内的医疗卫生、各类知识宣传普及、社区服务、社区治安、社区内各民族关系、环境绿化等各个方面满意度差别较大。总体看来，对于医疗卫生和环境绿化的满意度在这几项中偏低；对社区治安的满意度最高；对社区内各民族关系的满意度相对较高（如图2－14－3 所示）。

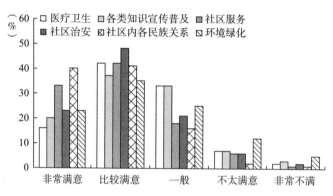

**图 2－14－3　对社区管理各个方面的满意程度**

　　调查数据显示：从社会角度，居民对医疗保障和养老保障的态度基本一致，都是有超过 60% 的被调查居民表示满意，但是对于失业保障，满意度明显不及前两项（如图 2－14－4 所示）。对于目前

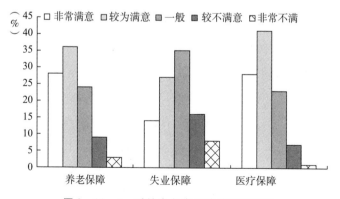

**图 2－14－4　对社会各类保障的满意程度**

的社会问题，Z社区和X社区被调查居民所持有的态度普遍不乐观，尤其对贫富差距扩大的问题，57%的被调查者认为是越来越严重，同样被调查者担忧的还有住房难问题。相对来说，大多数被调查者认为养老难和生态环境破坏的问题越来越少见。随着我国反腐力度的增大，对于腐败问题，Z社区和X社区40%以上的被调查居民认为腐败问题已经少见（如图2-14-5所示）。

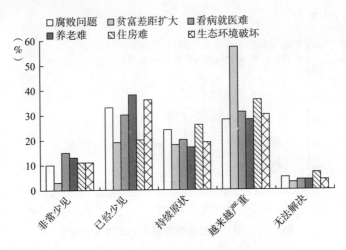

图2-14-5　对社会问题的认知

### 三　宁夏回族自治区Y社区与C社区的数据呈现

#### （一）居民的社区认同与归属感

对宁夏回族自治区银川市Y社区与C社区居民的问卷调查显示：有98%的被调查居民知道自己属于哪个社区，而不知道自己所属社区的居民仅仅占2%左右，可以看出绝大多数被调查居民有清晰的社区边界感。图2-15-1呈现了Y社区和C社区被调查居民对于自己所在社区的肯定程度，有46%表示非常愿意在该社区内长期居住，还有37%表示比较愿意，加总可得超过80%的被调查者愿意在该社区内长期居住，数据反映出被调查居民对于所生活社区的认同程度比较高。图2-15-2呈现的是被调查居民在社区的存在感，有66%

认为自己是社区内的重要一分子，可以说，较多数的被调查居民的社区存在感较高。

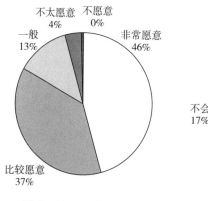

图 2 - 15 - 1 居住意愿    图 2 - 15 - 2 社区存在感

另外，有关由居民的社区认同与归属感而衍生出来的一些行为的调查结果显示：对于如果社区内有人破坏环境或者公共设施，被调查者中，63%表示自己会经常制止这种行为，34%表示偶尔会，而仅仅有1%的被调查者表示从来不会制止（如图 2 - 15 - 3 所示）；在问及该社区内居民是否互相到家里走访，被调查者的回答有多种，总体上看来，选择走访"很多"和"较多"选项的加起来占比27%，有 20% 的被调查者认为很少互相走访（如图 2 - 15 - 4 所示）。

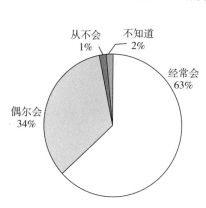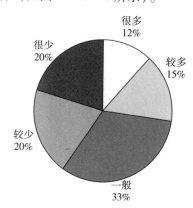

图 2 - 15 - 3 对社区破坏行为的制止    图 2 - 15 - 4 社区居民走访互动

（二）居民对社区管理的感知

在调查居民对社区管理的感知时，首先，考察了居民对于社区组织管理机制的了解程度。调查结果显示：对于《居民委员会组织法》，有18%的被调查者表示非常了解，但是也有24%的被调查者表示完全没听说过（如图2-16-1所示）；对于社区居委会的性质，有47%的被调查居民认为社区居委会是政府组织，而认为社区居委会是自治组织（正确选项）的被调查者占到29%（如图2-16-2所示）；对于街道办事处和社区居委会的关系，有43%的被调查者认为是领导与被领导关系，还有33%的被调查者认为是指导和被指导的关系（如图2-16-3所示）；此外，有82%的被调查者认为社区居委会应该由居民选举产生（如图2-16-4所示）。从上述问卷问题选择可以看出，Y社区和C社区的被调查者中大多数对社区管理机制的了解较为清晰、准确，存在希望自治组织进行民选的意愿。

其次，考察了居民对社区管理活动的感知以及满意程度。调查结果显示：社区有重要事项需要决策时，有14%的被调查居民表示社区居委会不会征求居民意见，还有21%表示不知道（如图2-16-5所示）；对社区居委会工作的满意度，有30%的被调查者表示对社区居委会的工作非常满意，49%表示比较满意，仅仅6%的被调查者表现出不满意（如图2-16-6所示）。通过问卷调查可以看出，

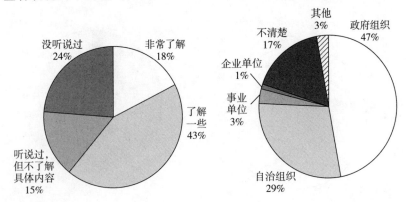

图2-16-1　对《居民委员会组织法》的认知

图2-16-2　对居委会性质的认知

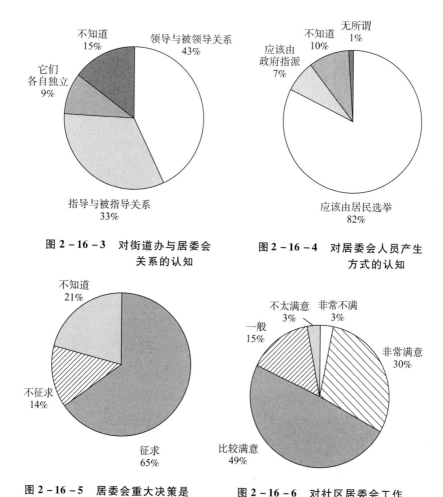

图2-16-3　对街道办与居委会
　　　　　关系的认知

图2-16-4　对居委会人员产生
　　　　　方式的认知

图2-16-5　居委会重大决策是
　　　　　否征求居民意见

图2-16-6　对社区居委会工作
　　　　　的满意程度

Y社区和C社区被调查者中35%不了解社区管理活动的决策环节，但是近80%的被调查者对社区居委会的工作较为满意。

（三）社区居民参与

在考察社区居民参与的意识和程度时，本研究首先考察了居民对于社区居委会选举的参与程度，调查结果显示：24%的居民表示不知道有选举也没有参加过，还有24%的居民表示知道有选举但是没有参加过，而表示参加过选举、较为或非常了解候选人的居民仅有 33% 左右。由此可以看出，Y 社区和 C 社区被调查居民对于社区选举的参与程度比较低。另外，对于社区居委会召开的会议，45% 的被调查者表示参加过也愿意参加，39% 的被调查者表示虽然没有参加过但是愿意参加，而不愿意参加的仅占到 16%（如图 2 - 17 - 1 所示）。可以看出 Y 社区和 C 社区被调查的绝大多数居民有参与意愿，但实际参与行为不足。当问及如果有问题影响到整个社区，会不会主动发动其他居民一起解决问题，宁夏回族自治区中这两个社区内，60% 的被调查居民选择了会发动，选择不会发动的仅有 16%，还有将近 24% 选择了不知道，该题的调查结果和前一部分吻合，说明 Y 社区和 C 社区被调查居民对于社区事务有愿意知情的主动性，但是主动性并不高。对于社区公告和通知的关注度情况，Y 社区和 C 社区 68% 的被调查居民表示会关注，表示一般、无所谓和不关注的被调查者占 32%（如图 2 - 17 - 2 所示），这反映出，Y 社区和 C 社区被调查居民中较多数对于社区事务有愿意知情的主动性。

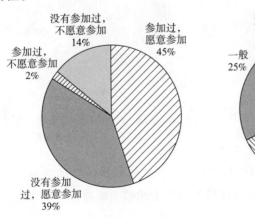

图 2 - 17 - 1　居民参与社区会议
的意愿及行为

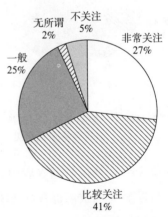

图 2 - 17 - 2　居民对社区公告、
通知的关注

对于有意愿参与的活动的类型，有 17% 的被调查者表示最愿意参加社区的选举活动，表明 Y 社区和 C 社区被调查者中有参与社区公共事务意愿的居民是少数，在社区举办的各类活动中，文体娱乐活动最受欢迎（如图 2 - 17 - 3 所示）。另外，Y 社区和 C 社区有 48% 的被调查者没有向社区反映过问题，而在反映过问题的被调查居民中，极少数人表示反映过的问题完全没有得到解决，大多数居民认为反映过的问题解决了一部分或者解决得很好（如图 2 - 17 - 4 所示）。

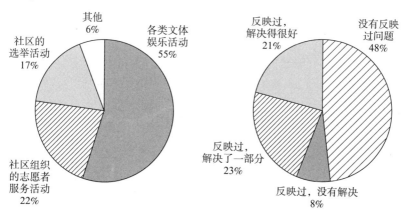

图 2 - 17 - 3　居民愿意参与的　　　　图 2 - 17 - 4　居民反映社区问题
　　　　　　　社区活动类型　　　　　　　　　　　与解决状况

（四）社区民族关系

关于社区民族关系，调查结果显示：在愿意选择哪种类型的社区居住时，有 20% 的被调查居民选择了多民族杂居的城市社区，还有 43% 的被调查者认为居住的社区是多民族杂居还是本民族聚居无所谓，但是也有 35% 的被调查者表示喜欢与本民族聚居（如图 2 - 18 - 1 所示）；在社区内与其他民族居民的交流方面，超过 91% 的被调查居民选择了没区别或者不困难（如图 2 - 18 - 2 所示）；考察周围不同民族居民之间的关系时，有 37% 的被调查者选择了十分融洽，还有 48% 选择了比较融洽（如图 2 - 18 - 3 所示）；对少数民族风俗习惯的尊重方面，有 66% 的被调查者选择都很尊重，还有 30% 选择了大部分尊重（如图 2 - 18 - 4 所示）。该维度的问卷数据结果显示，Y 社区和 C 社区内民族关系较为融洽，不过也有进一步互嵌的空间。

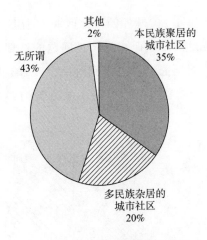

图 2 - 18 - 1　居民居住社区类型
的选择意愿

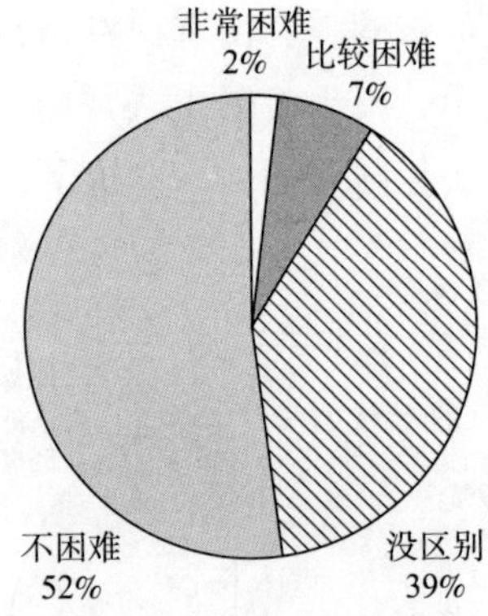

图 2 - 18 - 2　与其他民族居民
交流情况

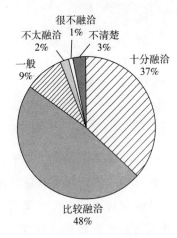

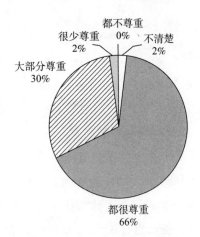

图 2 - 18 - 3　对社区不同民族
居民关系感知

图 2 - 18 - 4　对少数民族居民风
俗习惯的尊重

（五）社区稳定的预警状况

调查数据显示：从个人角度，宁夏回族自治区 Y 社区与 C 社区被调查居民中大多数对于自己的职业较为满意，分别有 25% 和 36% 的被调查者表示非常满意和比较满意（如图 2 - 19 - 1 所示）；对于自己收入的满意度不及职业满意度，并且只有 33% 的被调查者选择满意，有 20% 和 6%（合起来也是近 30%）的被调查居民表示较不满意和非常不满（如图 2 - 19 - 2 所示）。从个人层面来说，提升个人收入满意度有助于降低 Y 社区和 C 社区不稳定的风险。

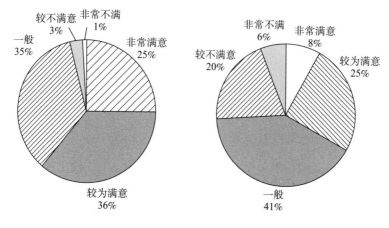

**图 2 - 19 - 1　对个人职业的
满意程度**　　**图 2 - 19 - 2　对个人收入的
满意程度**

调查数据显示：从社区角度，Y 社区和 C 社区被调查者对自己所在社区内的各类知识宣传普及、社区服务、社区内各民族关系、环境绿化等各个方面满意度都没有人选择非常不满。总体来看，对于医疗卫生的满意度在这几项中偏低；对民族关系满意度最高；对社区环境绿化的满意度相对较高（如图 2 - 19 - 3 所示）。

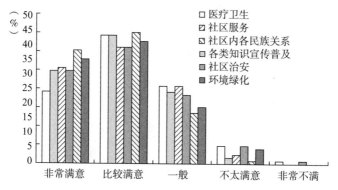

**图 2 - 19 - 3　对社区管理各个方面的满意程度**

调查数据显示：从社会角度，居民对医疗保障和养老保障的态度基本一致，都是有接近50%的被调查居民表示满意，但是对于失业保险，满意度明显不及前两项（如图2-19-4所示）。对于目前的社会问题，Y社区和C社区被调查居民所持有的态度较为乐观，具体来看，有超过50%的被调查者认为腐败问题已经少见，这与党的十八大之后反腐力度的加强不无关联；但是对于贫富差距扩大的问题，有将近37%的被调查居民认为是越来越严重；被调查者不太看好的还有养老难问题，有将近31%的被调查居民认为养老难问题持续原状（如图2-19-5所示）。

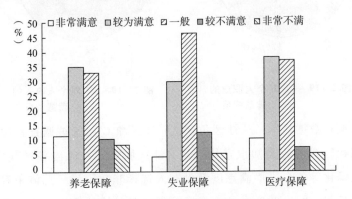

图2-19-4　对社会各类保障的满意程度

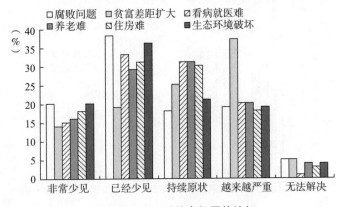

图2-19-5　对社会问题的认知

# 第三节　基于问卷数据的整体分析与比较分析

## 一　三省（区）被调查社区治理的共性特征

### （一）社区边界感清晰且个体存在感较高

从社区的划分与形成来说，国内外学术界都强调社区的自然形成本意和社区成员的共同心理与文化对社区形成的影响，但是由于不同的历史发展阶段、不同的国家制度背景，以及不同的经济社会发展水平，各个国家在划分社区的边界时存在差异。在西方国家，一般划分社区时注重社区的始源性，更强调历史演化中自然形成的地域性社会生活共同体，而政治性、法律性架构以及行政性的区划都是以此为基础，社区是这一切的始源。特殊的国情，决定了中国城市社区的发展历程与社区的本意不完全相符，在社区的边界划分上更具行政色彩。但是社区的发展必然需要"共同体"理念的培育，建立在共同体基础上的社区才能达到"善治"。

从新疆维吾尔自治区、甘肃省、宁夏回族自治区所调研的城市社区来看，都有90%以上的被调查居民非常清楚自己属于哪个社区，其中宁夏回族自治区的比例高达98%，说明西北民族地区城市社区居民普遍具有清晰的社区边界感。这是20世纪90年代以来"社区建设"的积极结果。在清晰的社区边界感基础上，才有可能促进社区共同体意识的形成。与此同时，三个省（区）所调研社区，都有80%以上的被调查居民非常愿意或比较愿意住在目前所居住的社区，这在一定程度上反映出社区居民对所生活社区的依恋。问卷统计结果还显示，三个省（区）所调研社区的被调查居民具有较高的社区存在感。社区存在感包括个体对于社区存在的感知和社区对于个体存在的感知。新疆、甘肃、宁夏分别有61%、58%、66%的被调查居民认为自己是社区内重要的一分子，分别有57%、64%、63%的被调查居民表示当社区内有破坏行为时会出面制止。这些数据说明被调查居民有一半以上获得了存在于社区的感觉以及对社区的投入与喜爱。当这些依恋、投入、喜爱等情感转化为集合体的心理状况,将进一步推动西北民族地区城市社区共同体意识的形成。

(二) 社区居委会的治理工作初见成效

社区居民委员会承担着社区公共事务的管理、监督和运行的职能,是城市基层政权最重要的基础。尤其是随着社区建设的全面开展,居民委员会成为联系政府与社区居民的最主要的群众自治组织。从新疆维吾尔自治区、甘肃省、宁夏回族自治区所调研的城市社区来看,西北民族地区城市社区居委会的社区治理工作初见成效。新疆、甘肃、宁夏分别有61%、69%、65%的被调查居民表示,所在社区中的重要事项决策时社区居委会会征求社区居民意见;在向社区居委会反映过问题的被调查居民中,分别有77%、86%、85%的被调查居民表示问题解决了一部分或者解决得很好;分别有81%、78%、79%的被调查居民表示对社区居委会的工作满意。也就是说,尽管学界经常对于社区居委会作为自治组织在实践运行中表现出来的行政性有所担忧,在城市多民族社区,居委会同样更多是作为国家管理的单元而存在,但是社区居委会以自己的发展路径介入了社区居民生活中,并且在西北民族地区城市社区的治理过程中获得了社区各族居民一定的信任与肯定。

(三) 社区各族居民参与意愿强烈但较少付诸行动

社区参与是指社区居民参与到社区中的各种活动或公共事务中,表达自己的意见和建议,并影响社区决策的行为。可以说社区参与是社区居民承担社区责任、履行居民义务、寻求个人需求满足的有效途径,也是衡量社区治理水平和发展水平的重要指标之一。从新疆维吾尔自治区、甘肃省、宁夏回族自治区所调研的城市社区来看,西北民族地区城市社区居民具有强烈的参与意识,例如,当问及是否愿意参加社区居委会召开的会议时，新疆、甘肃、宁夏分别有90％、89％、84％的被调查居民表示"愿意参加"，不愿意参加的是少数。但是强烈的参与意愿并未与各族居民们实际的参与行动保持一致性。例如，就上述的社区居委会召开的会议，实际上新疆、甘肃、宁夏分别只有43％、52％、47％的被调查居民参加过，也就是说被调查居民中只有一半左右的居民有实际参与行动。调查问卷中的另外一道问题，也反映出同样的结果：对于社区居委会的选举，新疆、甘肃、宁夏分别有66％、55％、48％的被调查居民并未参加过。这些数据说明了西北民族地区城市社区中各族居民参与意愿与参与行动之间的落差。扩大参与行动成为未来时期提升西北民族地区城市社区参与的重要切入点。

（四）社区场域内具备和谐的民族关系基础

民族关系，顾名思义，是指民族与民族之间的关系。它必然是双向的、动态的。近些年来，西北民族地区的城市社区在城市化进程、社区行政划分、社区建设的背景下，必然出现了社区增容与社区改造，传统的居住格局被改变之后增进了各个民族在社区场域的交流与交往。在社区场域形成融洽、信任、关爱的社区民族关系对于社区的治理与发展显得尤为重要。从新疆维吾尔自治区、甘肃省、宁夏回族自治区所调研的城市社区来看，无论是汉族还是少数民族，在社区场域内均双向、互动地形成了较为融洽的民族关系。调研数据显示，新疆、甘肃、宁夏分别有90％、87％、85％的被调查居民认为周围不同民族居民之间的关系"十分融洽"或"比较融洽"。融洽的民族关系依赖于良好的民族交往，新疆、甘肃、宁夏分别有94％、98％、96％的被调查居民认为周围的居民都会"很尊重"或"大部分尊重"少数民族居民的风俗习惯。从这些数据中反映出，目前在西北民族地区的城市社区场域中，具备较为和谐的民族关系基础，这将有利于社区治理工作的展开，以及进一步推进社区的稳定与发展来带动城市的稳定与发展。

（五）维护社区稳定与发展需要加强社会保障体系建设

社会保障体系是国家通过积极动员社会各种资源，进行收入再分配，来保证无收入或低收入以及其他弱势群体能够维持生存，保障劳动者在患病、年老、失业等情况下基本生活不受影响的一种制度体系。我国进入 21 世纪以来，推进养老保障、医疗保障、失业保障等基本保障项目成为社会保障体系制度建设的重点内容。然而调研数据显示，新疆、甘肃、宁夏分别有 38%、53%、36% 的被调查居民对于当地的养老保障评价持"一般"或"不满"态度；分别有 38%、51%、31% 的被调查居民对于当地的医疗保障评价持"一般"或"不满"态度；分别有 47%、65%、59% 的被调查居民对于当地的失业保障评价持"一般"或"不满"态度。可以说，社会保障体系在西北民族地区供给仍然存在不足，并且失业保障是社会保障体系完善的重中之重。因此，要通过健全、完善的社会保障体系助推区域稳定与发展的实现，需要在西北民族地区城市中构建更具包容性、更具公平性、更具平衡性的社会保障体系。

## 二 三省（区）被调查社区治理的个性特征

（一）由社区认同与归属感衍生的行为存在差异

在三个省（区）社区的调查发现，被调查居民由于社区认同与归属感的差异衍生出以下两个方面的行为差异。

首先，在社区内居民是否相互到家里走访上存在差异，调查结果显示，选择走访"很多"或"较多"的是甘肃省，占被调查居民的 51% 左右，但是在宁夏回族自治区的社区，被调查者选择走访"很多"或"较多"的占比只有 27%（如图 2-20-1）。

居民在日常生活中经常走访邻居，是社区内社会资本存量较高的表现，反过来也会促使社区内社会资本的增加，从而影响社区治理。本研究的调查结果显示，在这三个省（区）内，甘肃省被调查社区中居民的互动走访最为频繁，与之相接近的是新疆维吾尔自治

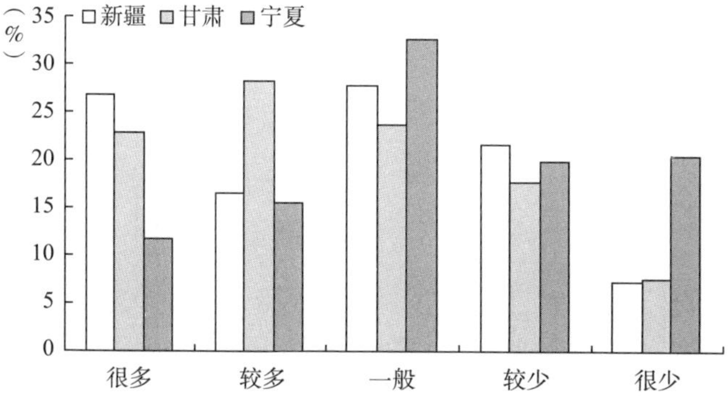

图 2 - 20 - 1　三省（区）社区居民走访互动比较

区，说明这两个地区社区内社会资本存量基础较好，并且基于较为频繁的互动，社会资本还有可能增长，因此对于这两个地区来说，社区治理的策略可以更加偏向于挖掘社会资本存量，拓展治理途径，提高治理水平；相较之下宁夏回族自治区被调查社区内的居民选择走访"很多"或"较多"的占比只有27%，大多数的居民认为走访较少或者一般，基于以上分析，本研究认为宁夏回族自治区城市社区实现良好治理的关键在于促进居民间良好互动，进而提高社会资本。

其次，对于"当居民生活遇到困难的时候会首先向谁求助"这一问题，三个省（区）的数据差异较大。甘肃省社区被调查居民选择社区干部的较多，占到了37%，宁夏和新疆社区被调查者选择社区干部的较少，都是只有20%左右（如图 2 - 20 - 2）。遇到问题时求助于社区干部或者居委会，一定程度上可以说明该社区内共同体意识较高。因此甘肃省在社区治理的过程中可以多关注一些通过共同体意识可以促成的活动，而宁夏回族自治区和新疆维吾尔自治区的社区治理，还是应该打好基础，关注共同体建设。

（二）对社区管理的认识存在差异

在居民对社区管理感知的调查中，结果显示以下四道题，三省（区）被调查居民的选择有较大差异：在第一题考察对《居民委员会组织法》的了解程度时，宁夏回族自治区的居民相较于其他两个

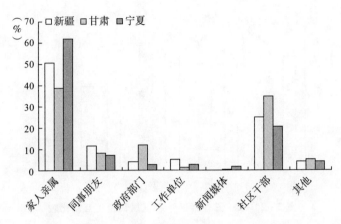

图 2 - 20 - 2　三省（区）社区居民求助对象比较

省份，了解程度明显较高（如图 2 - 21 - 1）；第二题对社区居委会性质进行考察，虽然三个省份的被调查居民都是选择"政府组织"这一选项的占大多数，但是选择了正确选项（即自治组织）的被调查居民是宁夏回族自治区较多，有 29%，其他两个省份选择正确选项的被调查居民有 5% 左右（如图 2 - 21 - 2）；第三题考察居民对街道办事处和社区居委会关系的认识，结果与上一题非常相似，虽然选择"领导与被领导关系"这个选项的被调查居民在三省份中都要占到一半或以上，但是选择了正确选项"指导与被指导关系"的被调查

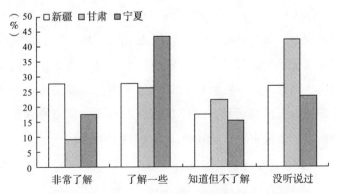

图 2 - 21 - 1　三省（区）社区居民对《居民委员会
组织法》的了解程度比较

居民所占比例，还是宁夏超过甘肃和新疆（如图 2 - 21 - 3）；第四题询问居民认为社区居委会干部应该如何产生，三省（区）被调查居民都是有超过一半的人选择了"由居民选举"这个正确的选项，但是宁夏回族自治区被调查居民选择正确选项的比例超过了 80%，而另外两个省（区）在 50%—60%（如图 2 - 21 - 4）。因此，本研究可以得出结论：对于社区管理认识方面，宁夏回族自治区的被调查居民了解程度相对较高，新疆维吾尔自治区和甘肃省都相对较低。

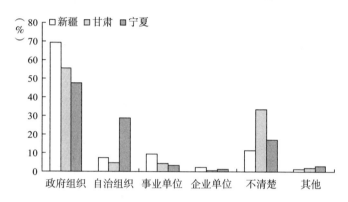

**图 2 - 21 - 2　三省（区）社区居民对社区居委会
性质了解程度比较**

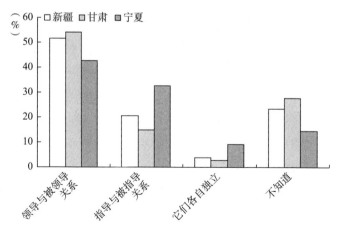

**图 2 - 21 - 3　三省（区）社区居民对街道办事处与社区
居委会关系了解程度比较**

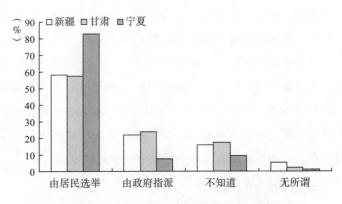

**图 2 - 21 - 4　三省 (区) 社区居民对社区居委会干部
产生方式的了解程度比较**

从以上调查数据的统计分析可以看出，所调查的这三个省（区）中，被调查居民整体上对社区干部产生方式的了解程度较高，对于《居民委员会组织法》、居委会性质以及街居关系的了解程度不够，但是相比较而言，宁夏回族自治区被调查居民对这四部分的了解程度高出其他两省（区）的被调查居民。本研究认为，实现社区治理实效的前提在于让居民了解治理，了解国家对于社区管理体制的规定；对于《居民委员会组织法》、居委会性质、街居关系以及社区干部产生方式的了解程度可以反映出居民对于社区管理体制的认知，也会进一步体现出社区日常工作的方式方法是否规范，为社区工作提供反思。因此，在三省（区）数据分析的基础上，进一步得出：宁夏回族自治区的被调查社区，对于社区管理体制的宣传较为到位，社区管理过程比较规范，目前阶段在社区治理上需要做的是继续加强管理过程的规范性；对于新疆维吾尔自治区和甘肃省的被调查社区来说，在居委会的组织与管理过程、在选举社区工作人员的过程中，严格遵守相关规定，并且做好宣传工作应当成为社区治理目前阶段的首要任务。

（三）社区居民参与程度与关注内容不同

调查问卷第三部分考察社区居民参与，可以从以下三道题发现三省（区）居民在社区参与程度和关注内容上呈现出个性差异。对于社区公告、通知的关注程度，居民的关注程度可以通过计算选择"非常关注"和"比较关注"被调查居民总比例获得，因此统计比较而言，新疆维吾尔自治区的被调查居民的关注程度（61%）较甘肃省（75%）和宁夏回族自治区（68%）的社区被调查居民低一些，尤其甘肃省被调查居民的关注程度比新疆高出 14 个百分点（如图 2 - 22 - 1 所示）。在考察居民发动其他人解决社区问题的主动性时，甘肃省（74%）和新疆维吾尔自治区（69%）的数据要高于宁夏回族自治区（60%），其中，宁夏被调查居民中有 24% 的人选择了"不知道"这个选项，本研究认为这是一个认识较为模糊的判断，如果对这一群体采取适当的宣传等措施可以将其争取到"主动发起"的行列进而参与各项社区事务（如图 2 - 22 - 2 所示）。另外，从居民是否向居委会反映过问题以及是否得到解决来看，新疆维吾尔自治区 56% 的被调查居民没有向社区反映过问题，甘肃省社区被调查居民中 44% 没有向社区反映过问题，宁夏回族自治区 48% 的被调查居民没有向社区反映过问题。甘肃省内没有反映过问题的人所占比例在三省（区）中最低，也就是说甘肃省社区内各族居民的参与程度相对较高（如图 2 - 22 - 3 所示）。基于以上三个问题的统计分析

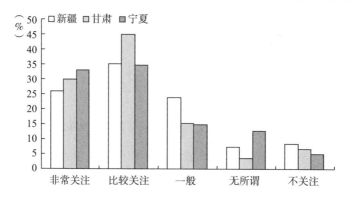

**图 2 - 22 - 1　三省（区）社区居民对社区公告、通知的关注程度比较**

可以看出，在三个所调查的省（区）社区之中，甘肃省社区内居民对于社区事务参与程度较高。

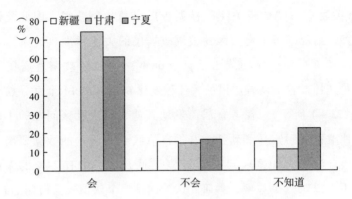

图 2 - 22 - 2　三省（区）社区居民主动发起他人
解决社区问题的意愿比较

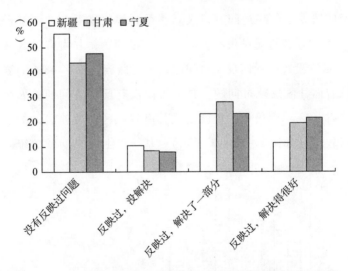

图 2 - 22 - 3　三省（区）社区居民反映社区问题与解决状况比较

另外，三省（区）居民最愿意参加的活动类型，可以为社区治理提供依托的途径选择。通过对问卷调查的结果统计，我们发现新疆维吾尔自治区社区被调查居民最愿意参加的是各类文体娱乐活动，其次是社区组织的志愿者服务活动。从一定程度上可以说，新疆维吾尔自治区的社区要促进居民参与，可以依托文体娱乐活动的开展来调动居民的积极性，凝聚社区力量。在甘肃省社区内，被调查居民最愿意参加的是社区组织的各类志愿活动，对文体活动和选举活动的热情基本持平，所以促进社区居民参与的最好途径就是设计各类志愿者服务活动，志愿者服务活动将更直接有效地推动社区治理的实现。宁夏回族自治区的被调查居民期待的社区活动类型与新疆居民非常相似，因此可以借鉴上述治理方案（如图 2 - 22 - 4 所示）。

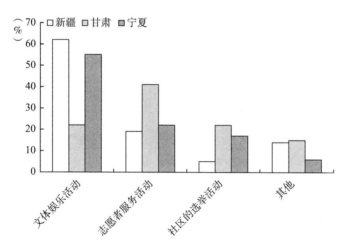

**图 2 - 22 - 4　三省（区）社区居民愿意参加的社区活动类型比较**

（四）社区中多民族"互嵌"程度不同

本研究问卷设计的第四部分考察了社区内民族关系，调查结果显示三省（区）在以下两个问题上呈现出个性特征。在愿意选择哪种类型的社区居住时，新疆维吾尔自治区有 27% 的被调查居民选择了多民族杂居的城市社区，50% 的被调查者认为居住的社区是多民族杂居还是本民族聚居无所谓，另外 21% 的被调查者表示喜欢与本民族聚居；甘肃省被调查居民中选择多民族杂居的占到了 35%，32% 的被调查者认为居住的社区是多民族杂居还是本民族聚居无所谓，但是也有 31% 的被调查者表示喜欢与本民族聚居；宁夏回族自治区有 20% 的被调查居民选择了多民族杂居的城市社区，还有 43% 的被调查者认为居住的社区是多民族杂居还是本民族聚居无所谓，其余 35% 的被调查者表示喜欢与本民族聚居（如图 2-23-1 所示）。在社区内与其他民族居民的交流方面，新疆超过 70% 的被调查居民选择了没区别或者不困难；甘肃有超过 80% 的被调查居民选择了没区别或者不困难；宁夏有超过 91% 的被调查居民选择了没区别或者不困难（如图 2-23-2 所示）。

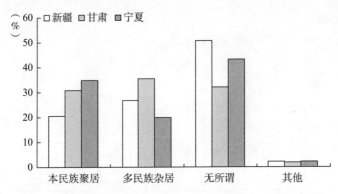

**图 2-23-1　三省（区）社区居民希望居住的社区类型比较**

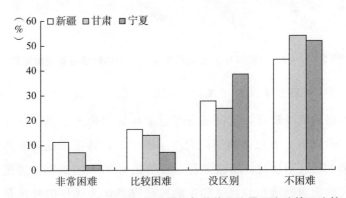

**图 2-23-2　三省（区）社区居民与其他民族居民交流情况比较**

本研究认为，居民选择愿意居住的社区类型及与其他民族居民交流的状况，可以体现出该社区内民族之间的"互嵌"程度。基于以上数据的比较分析来看，新疆维吾尔自治区被调查居民有 21% 的人表示喜欢与本民族聚居，而甘肃省、宁夏回族自治区的社区被调查居民分别有31%、35%表示喜欢与本民族聚居，相对来说，新疆维吾尔自治区所调研社区的民族之间"互嵌"程度优于甘肃省与宁夏回族自治区的所调研社区。不过，从与其他民族居民交流的情况来看，新疆维吾尔自治区社区被调查居民有近30%认为"非常困难"或"比较困难"，这一数据超过了甘肃（近20%）与宁夏（近10%）。新疆所调研的城市多民族社区中的少数民族主要为维吾尔族，有自己的民族语言文字，甘肃所调研的城市多民族社区中的少数民族主要有藏族、回族等，其中藏族有自己的语言文字，宁夏所调研的城市多民族社区中的少数民族主要为回族，上述调研数据与此有关。总之，基于和谐的民族关系，如何进一步加强社区内各民族居民之间的"互嵌"程度是提升城市多民族社区未来治理工作质量需要思考的重要问题。

（五）社区居民风险感知不同进而带来预警状况差异

本研究设计的调查问卷，从对个人情况的满意度、对社区各项服务的满意度以及对社会问题认知状况三个层次来寻找影响社区甚至社会的警源、警兆。从个人职业满意度来看，三省（区）社区被调查居民的满意度差异较大，其中新疆维吾尔自治区社区被调查居民对于自己所从事的职业，整体上说来满意度较高（42%非常满意），其余被调查者选择"比较满意"或者"一般"居多，没有人对自己的职业非常不满。相比之下，甘肃和宁夏的社区被调查者对于自己的职业满意度低于新疆，对自己职业非常满意的被调查者都没有超过25%，认为自己职业一般的被调查者所占比例较高（如图2-24-1所示）。从图2-24-2中可以看出，三省（区）社区被调查居民对于个人收入情况的满意度差异较大。其中，新疆维吾尔自治区社区被调查居民对于自己的收入满意度还是比较高，大多数被调查者对自己的收入感到非常满意或者比较满意，感到不满意的被调查居民所占比例非常小。甘肃省内被调查者对于自己的收入"比较满意""一般""较不满意"的所占比例非常相似，都是在30%左右，"非常满意"的人和"非常不满"的人都较少。宁夏回族自治区的调查显示，有将近1/3的被调查者对自己的收入不满意。

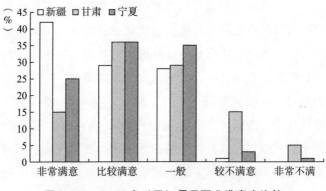

图 2 – 24 – 1　三省（区）居民职业满意度比较

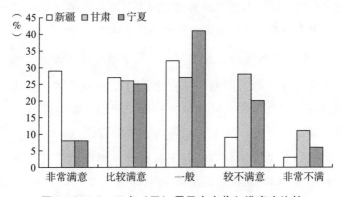

图 2 – 24 – 2　三省（区）居民个人收入满意度比较

　　另外，在对自己所在社区的满意度调查上，三省（区）数据也呈现出个体差异，社区居民对所在社区的医疗、服务和治安等六个方面的满意程度做出了评价。结果显示：从整体看来，新疆和宁夏的被调查居民对于自己所在社区的满意度整体上要比甘肃高；具体来看，新疆维吾尔自治区和宁夏回族自治区的居民对于社区服务的满意度较高；而甘肃省的居民则是对社区治安的满意度较高。倒序来看，新疆被调查居民对于医疗服务的满意度较低；宁夏被调查居民对于医疗卫生的满意度较低，而甘肃被调查居民则是对环境绿化的满意度较低（如图 2 – 24 – 3、图 2 – 24 – 4、图 2 – 24 – 5 所示）。这样的研究结论为三省（区）社区治理提供了以下参考：对新疆维吾尔自治区的社区来说，居民对于社区服务、治安和民族关系都有

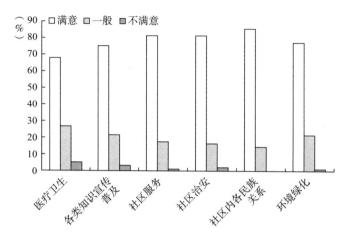

**图 2 - 24 - 3　新疆维吾尔自治区被调查居民对所在社区的满意度**

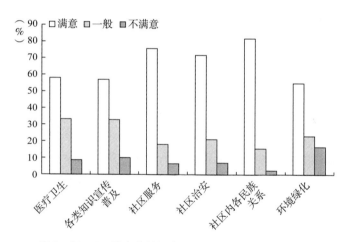

**图 2 - 24 - 4　甘肃省被调查居民对所在社区的满意度**

较高的满意度，因此工作重点应该放在满意度不高的医疗卫生服务和各类知识宣传方面；对甘肃省的社区来说，相较于两个民族自治区，被调查居民对于社区各项条件满意度都不是很高，尤其是对环境绿化、医疗卫生服务和知识宣传，因此甘肃省社区除了与新疆一样需要加强医疗卫生服务和知识宣传之外，还需要重点解决社区绿化不足的问题；在宁夏回族自治区，数据显示居民对于民族关系和环境绿化的满意度非常高，但是对于医疗卫生服务和社区治安的满

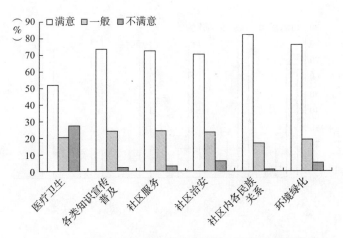

图 2 - 24 - 5　宁夏回族自治区被调查居民对所在社区的满意度

意度偏低，所以社区工作的重点应该放在加强医疗卫生服务上，还要加强社区治安，为居民提供一个安全、放心的生活环境。

　　对于各类社会问题的认知，甘肃省社区被调查居民认为，当前社会贫富差距扩大越来越严重，其次是住房难问题，而逐渐得到改善的是养老难和生态环境破坏问题；新疆维吾尔自治区社区被调查居民也认为，当前社会贫富差距扩大越来越严重，其次就是养老难问题，而逐渐得到改善的是看病就医难和住房难问题，但总体来说，40%的被调查者认为，随着社会的发展，社会问题在不断得到解决；宁夏回族自治区的社区被调查者，除"贫富差距扩大"外，其他五个问题选择"少见"选项的在一半左右。三个省（区）社区被调查居民在社会问题上的一点共识是，随着党的十八大以来反腐力度的加大，腐败问题在社会中越来越少见（如图 2 - 24 - 6 至图 2 - 24 - 8所示）。

　　基于以上数据，本研究认为：党的十八大以来的反腐行动取得了良好的社会效应，所调查的三个省（区）居民对于腐败问题所持态度非常乐观。具体来看，新疆维吾尔自治区居民对于各类社会问题的认识相较于其他两省（区）乐观程度较高，新疆当地政府未来需要关注的是贫富差距扩大问题和养老难问题。甘肃省当地政府未来需要关注的是贫富差距扩大问题和住房难问题，另外被调查居民中范围较广地表现出对一些社会问题的担忧，需要引起当地政府的重视。宁夏回族自治区内被调查居民对于社会问题的态度，整体趋势与甘肃省较为相似，都是有较多人认为贫富差距扩大和住房难问题较为严重，但是被调查者对于生态环境问题所持有的态度比较乐观，这可能得益于宁夏"塞上江南"优越的地理环境以及当地政府在保护环境上所做的工作。

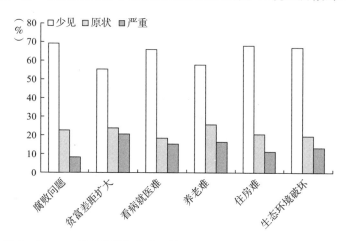

**图 2 - 24 - 6　新疆维吾尔自治区被调查居民对各类社会问题的认识**

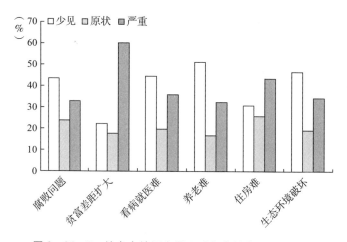

**图 2 - 24 - 7　甘肃省被调查居民对各类社会问题的认识**

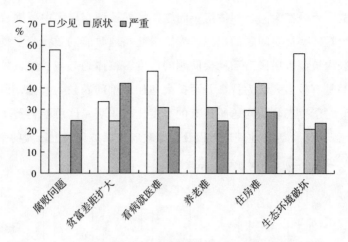

图 2 – 24 – 8　宁夏回族自治区被调查居民对各类社会问题的认识

# 第三章 田野调查案例一:"村改居" 多民族社区权力秩序的重构

西北地区的少数民族居民很多生活在城市的周边,在城郊形成了多民族聚居的村落社区。在城市化不断推进的过程中,这些村落社区被并入城市范围内,经历"村改居"的转型,成为新的城市社区。多民族社区场域内部多元要素的异质性,本身对社区治理提出了更高要求,而"村改居"社区的转型,更使得这些多民族社区以往的社区权力秩序发生变化,传统的村落治理模式受到挑战。在西北民族地区,经历如此转型的多民族社区并不在少数,所以本章针对此类社区进行了田野调查,试图回答下述问题:"村改居"后的城市多民族社区治理主体有哪些?发生了哪些变化?社区中的权力秩序如何重构?权力在不同权力主体之间如何运行?这些变化又会对西北民族地区城市的稳定与发展带来哪些影响?

## 第一节 研究的理论基础:社会秩序 理论与治理理论

权力是一个大家并不陌生的概念,许多研究者从不同角度试图对其进行解释。例如马克斯·韦伯认为,权力是"在一种社会关系内部某个行动者将会处在一个能够不顾他人的反对去贯彻自身意志的地位上的概率,不管这种概率的基础是什么"[①]。秩序从字面来理

---

① 马克斯·韦伯. 经济与社会(第一卷)[M]. 阎克文,译. 上海:上海人民出版社,2010:147.

解，即事物次序性的状态。博登海默将其定义为"自然界与社会进程运转中存在着某种程度的一致性、连续性和确定性"①；对于权力秩序，有研究者认为，"从静态的角度而言，权力秩序意指权力结构的平衡性"，"从动态的角度而言，权力秩序也意味着不同权力之间功能的协调性"②。所以基于上述分析，本研究认为社区权力秩序是权力秩序在社区场域中的表现，具体体现为社区权力结构的平衡与社区权力主体之间功能的协调。在进行"村改居"多民族社区权力秩序的探索时，本章引入了社会秩序理论以及治理理论，在此基础上构建了这一主题的研究框架。

## 一　社会秩序理论的引入

弗里德里希·奥古斯特·冯·哈耶克（Friedrich August von Hayek）是 20 世纪西方著名的经济学家，为社会秩序理论的发展做出了重要贡献。哈耶克将社会秩序分成自发秩序与建构秩序两种类型，认为二者之间存在着逻辑上的内在联系。自发秩序在学术界还可以被称为内部秩序或者自生秩序，主要是指系统内部自组织产生的秩序。不可否认的是，自发秩序是人的行为的产物，但这并不代表它是人为设计或者说是人有意识为之的产物，它本身体现了一种自由秩序特征和效率特征。另外一种秩序，来自系统外部及强加，称为建构秩序，也叫作外部秩序或者人造秩序，主要是指那些人为创造出的秩序和计划。与自发秩序相比，建构秩序明显的特征是目的性、计划性和主观性，它基于该秩序创造者的目的而产生，这也就使得建构秩序往往可能是低效率的。

总之，哈耶克指出：第一，尽管自发秩序与建构秩序在各个方面都存在着差异，但是它们之间的首要差异在于所展示的有序性的产生方式（如上文所述）；第二，这两种社会秩序类型依赖不同的协

---

①　博登海默. 法理学——法哲学及其方法 [M]. 邓正来，姬敬武，译. 梦觉，校. 北京：华夏出版社，1987：207.

②　江国华. 权力秩序论 [J]. 时代法学，2007（2）：25.

调手段，建构秩序是一种命令与服从的等级关系，但是，自发秩序不同，如果要达至自发秩序，那么社会秩序的各参与主体就必须共同严格遵循某些规则；第三，自发秩序可以为不同的个人实现各自目的提供有益条件，而建构秩序则是一种组织工具，制定这些秩序的目的在于帮助组织实施某些先行确定的具体目的①。

基于哈耶克的社会秩序理论，本章将从两个方面对“村改居”多民族社区的权力秩序进行分析：第一，“村改居”多民族社区权力的建构秩序，包括国家明确规定的法律法规、城市基层管理制度等在内的外部强加给“村改居”多民族社区权力的秩序；第二，“村改居”多民族社区权力的自发秩序，表现为“村改居”多民族社区内部，不同组织、多民族居民等治理主体在进行社区治理时所形成的、被各个治理主体都认可和遵守的行为准则与规范。以上两类秩序共同构建了城市“村改居”多民族社区的权力秩序。

## 二 治理理论的引入

治理理论是 20 世纪 90 年代迅速兴起并成为研究热点的理论。目前最具代表性和权威性的定义为：治理是各种公共的或私人的个人和机构管理其共同事务的诸多方式的总和。治理是一个过程，在此过程中，相互冲突的或不同的利益得以调和并且采取联合行动。这样的特质就要求这个过程中既要包括一些正式的制度和规则来迫使人们服从，也要包括一些非正式的制度安排，让成员们同意或以为符合其利益。治理有四个特征：首先，治理是一个过程，不是规则也不是活动；其次，治理的基础在于协调，而不是硬性控制；再次，治理的内容或主体涉及公共部门，也包括私人部门；最后，治理是一个持续的互动②。因此可以认为，“治理从头起便区别于传统

---

① 邓正来. 哈耶克社会理论 [M]. 上海：复旦大学出版社，2009：28 – 29.
② 俞可平. 治理与善治 [M]. 北京：社会科学文献出版社，2000：4 – 5.

的政府统治概念"①。

联合国社会发展研究所副主任休伊特（Cynthia Hewitt de Alcant-ara）指出："今天的联合国、多边和双边机构、学术团体以及民间志愿组织关于开发问题的出版物很难有不以它（治理）作为常用词来使用的。"② 治理理论实际上是对国家—社会关系的一种设想与构建，但是它"拓展了国家与社会关系的分析架构，超越了自由主义与国家主义的传统对立，形成了一种新型的国家与社会关系范式"③。治理理论在兴起后与许多研究领域相结合，产生了许多新的理论。社区治理理论可以说是治理理论在社区研究中的运用和发展。

由于社区是一个自治组织，所以对社区的管理更强调政府、市场、社会三方的协调与互动。社区治理是指在社区场域内政府与社区居民、社区内各种组织等共同管理社区公共事务的活动④。社区治理理论的核心观点是：主张治理主体多元化，治理主体可以包括政府、社区组织、非营利组织、辖区单位、居民等；由传统的政府控制的决策方式，向多元主体共同协商的决策方式转变；构建平等的治理主体网络结构，通过社会资本来协调治理主体之间的关系。

基于上述分析，本研究认为对于"村改居"多民族社区治理的分析应当把握两点：一是体现参与"村改居"多民族社区治理的各类主体；二是体现"村改居"多民族社区治理（目的与方式）的过程。因此，本章将从"村改居"多民族社区治理主体和过程两个方面，研究社区内的权力主体及其治理社区的方式。此处，我们认为，社区治理主体即社区中的权力主体，权力的运行方式则表现在社区

---

① 让－彼埃尔·戈丹. 现代的治理，昨天和今天：借重法国政府政策得以明确的几点认识 [J]. 陈思，译. 国际社会科学杂志（中文版），1999（1）：49.

② 辛西娅·休伊特·德·阿尔坎塔拉. "治理" 概念的运用与滥用 [J]. 黄语生，译. 国际社会科学杂志（中文版），1999（1）：105.

③ 吴志华、翟桂萍、汪丹. 大都市社区治理研究：以上海为例 [M]. 上海：复旦大学出版社，2008：154.

④ 魏娜. 我国城市社区治理模式：发展演变与制度创新 [J]. 中国人民大学学报，2003（1）：135.

治理的过程中，尤其体现在具体的治理事件中。通过探讨"村改居"多民族社区权力主体之间的关系，可以构建出社区权力秩序的基本框架。

### 三 研究框架的构建

借助于社会秩序理论与治理理论的视角，本章从以下两个维度研究"村改居"多民族社区的权力秩序重构问题。首先按照哈耶克的社会秩序类型对社区权力秩序进行分类，将"村改居"多民族社区权力秩序分解为建构秩序和自发秩序，构建出"村改居"多民族社区权力主体运行的基本框架；其次从社区治理过程入手，观察"村改居"多民族社区权力建构秩序与自发秩序的互动，并以此体现"村改居"多民族社区权力的运行过程。

清华大学孙立平教授认为，在揭示社会现象的本质特征时，至少包含这样两层含义：第一是不确定性，即在因素与因素之间、事物与环境之间并不存在一成不变的联系；第二是静态结构中的不可见性，而这样的因素很可能就是社会现象中最重要的解释变数。所以他主张用"过程—事件分析"的研究策略和叙事方式来揭示社会现象的本质特征。这样从方法论的角度来说可以突破静态结构分析所带来的局限：在静态的结构中，事物本身的一些重要特征，其内部不同因素之间的复杂关联，以及这一事物在与不同的情境发生遭遇时所可能发生的种种出人意料的变化，都并不是潜在地存在于既有的结构之中。相反，只有在一种动态的过程中，这些东西才有可能逐步展示出来①。

孙立平教授的"过程—事件分析"框架也被研究者进一步运用到城市基层治理的研究中。例如，中山大学何艳玲教授在通过对乐街的调查，来分析后单位制时期中国街区中的国家与社会关

---

① 孙立平. "过程—事件分析"与当代中国农村国家农民关系的实践形态［A］. 谢立中. 结构—制度分析，还是过程—事件分析？［C］. 北京：社会科学文献出版社，2010：139 – 140.

系时，也提出：街区组织—街区事件的分析框架既可以避免单纯的结构分析所可能导致的类型化和目的论解释，又可以避免单纯事件分析可能导致的脱离制度背景的随机性讨论。执着于铁板一块的观点来看待街区中的权力格局，很可能会导致经验现实和理论解释的巨大落差。街区组织—街区事件的分析框架更具有包容力和解释力①。

以上研究者提出的分析框架，对本研究具有重要的启示意义。在研究"村改居"多民族社区的权力秩序重构时，仅仅从静态层面解析社区权力的变化，很难深入其背后的本质、还原研究对象的全貌，辅以动态层面关于"过程—事件"变化的分析，有助于立体地把握"村改居"多民族社区权力秩序的格局。所以，本章尝试性地构建了"社区组织—社区事件"的研究框架，静态与动态相结合，从结构到过程，探究"村改居"多民族社区权力秩序的重构。结合"村改居"多民族社区的实际情况，这一研究框架中，社区组织主要包含：第一是街道办事处和街道党工委在内的基层政权组织；第二是社区居委会，需要说明的是，社区居委会既是社区权力建构秩序的主体之一，同时还处于社区自发秩序的序列之中，是社区权力建构秩序与自发秩序相互影响与互动的载体，所以其在社区权力秩序建构中具有特殊性；第三是社区内其他自治组织和多民族社区中存在的宗教组织。社区内的其他组织包括"村改居"多民族社区内居民自发成立并在民政局注册的社区社团，以及参与社区治理与服务的各类社会组织。在"村改居"多民族社区的治理过程中，不同的社区治理的参与者构成了社区权力主体结构。而"社区事件"就是这些社区治理主体在"村改居"多民族社区范围内围绕着治理发生的事件。每个事件都有特定的主题与目标，也体现为一个过程，它表明了社区权力主体在治理过程中的互动。据此，本章的研究框架

① 何艳玲.都市街区中的国家与社会：乐街调查［M］.北京：社会科学文献出版社，2007：24－25.

如图3-1所示：首先从社区组织着手，在对社区组织关系结构与国家相关的管理制度深入了解的基础上，构建"村改居"多民族社区内基本的社区权力结构。根据哈耶克的社会秩序理论中有关自发秩序与建构秩序的阐述，本章将"村改居"多民族社区的权力秩序分为社区权力的建构秩序与自发秩序。其次从社区事件入手，基于治理理论以及动态视角，通过梳理分析社区内不同组织参与社区治理的过程，解析权力在"村改居"多民族社区中的运行。

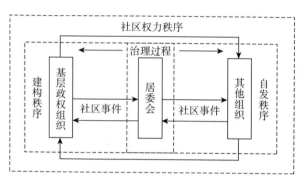

**图3-1 "村改居"多民族社区权力秩序的研究框架**

在上述研究框架下，本章通过对研究对象（即银川市Y社区）的深入观察和访谈，对"村改居"多民族社区权力秩序的重构问题进行研究。访谈对象和访谈内容如表3-1所示。

**表3-1 "村改居"多民族社区权力秩序研究的访谈对象与内容**

| | 访谈范围 | 访谈内容 | 访谈对象 |
| --- | --- | --- | --- |
| 社区组织 | 建构秩序 | "村改居"前后组织架构与组织职能 | H街道办事处领导和工作人员，Y社区居委会主任及居委会工作人员 |
| | 自发秩序 | "村改居"前后，社区组织之间的关系、社区社会组织情况 | Y社区居委会主任、社区热心居民、社区社团负责人、社会组织负责人 |
| 社区事件 | 权力运行过程 | 社区发生的重大事件的起因、过程与结果 | Y社区居委会主任、参与事件的热心居民 |

## 第二节　银川市 Y 社区权力秩序重构个案呈现

本研究选择了银川市 Y 社区作为"村改居"多民族社区的案例作为研究对象。Y 社区（具体社区介绍见第二章第一节）在"村改居"工程之前，属于银川市郊农村，是典型的少数民族村落社区，生活着汉、回、满、维吾尔等民族居民。在村落社区时期，Y 社区的前身为 S 队。2002 年银川市推进城市化的进程中，S 队农民的土地被纳入新的城市规划内，被征收用来建设居民区和商业圈。2005 年完成"村改居"社区建设项目后，形成了现在的 Y 社区。因此目前 Y 社区的居民构成来源主要为以下几个。一是当初 S 队的失地农民。"村改居"过程中有一部分房屋通过"康居工程"作为安置房补偿给了 S 队的失地农民。所以调研发现，现在 Y 社区中占据比例人口较大的是原先 S 队的村民，这些人当中有很多是少数民族居民。二是被 Y 社区低廉的房价吸引来的外来务工人员。三是在 Y 社区附近单位工作的年轻人。由于 Y 社区毗邻银川市商业圈，并且经过银川市的区域调整之后，一些单位迁移至 Y 社区及其周边社区内，所以不少的年轻人因为工作原因选择在 Y 社区购房居住。

尽管"村改居"转型使得 Y 社区的居民来源构成更加多元，但是少数民族居民目前仍然占社区总人口的 30% 左右，所以说 Y 社区属于典型的城市多民族社区。再加上"村改居"社区的身份，使得 Y 社区现在面临着由村落社区向城市社区治理转型与多民族社区治理的双重任务。本研究依此选择 Y 社区作为案例研究的对象，描述与分析该社区权力秩序的重构。

### 一　基层政权组织的转变：从乡政府到街道办事处

（一）"社区组织"观察：Y 社区基层政权组织的转变

银川市 H 街道办事处的前身是 H 乡政府。2003 年银川市区划调整后，H 乡政府被撤，原乡政府机构及人事编制被调整，在原有 H

乡政府的基础上设立了 H 街道办事处。区划调整之前，H 乡政府下
设党政办公室、乡镇规划建设与管理办公室、社会事业管理办公室
等。H 乡政府主要有以下五个工作职责：第一，制定和组织实施 H
乡的发展计划，指导辖区内各行业发展，组织协调 H 乡与其他地区
的交流合作，促进 H 乡经济发展；第二，制定并组织实施 H 乡建设
规划；第三，负责 H 乡区域内教育、卫生、民政、公益事业等工作，
维护社会稳定；第四，组织、完成本级财政收入和地方征税工作；
第五，做好辖区内精神文明建设工作，丰富群众文化生活等。

　　区划调整之后，在银川市推行"1+4+8"大部制改革的政策环
境下，新设立的 H 街道办事处目前下设 1 个办公室（即党政办公
室）、4 个工作部（分别是党群工作部、民生服务部、城市管理部和
社区事务部）以及 8 个服务站。8 个服务站的设置情况是：党群工
作部下设党的建设服务站和群团工作服务站；民生服务部下设卫生
计生服务站和综治司法服务站；城市管理部下设城市管理服务站和
物业服务中心；社区事务部下设社区建设服务站和民政劳保服务站。
新成立的 H 街道办事处的组织架构如图 3-2。H 街道办事处的主要
工作职责包括：第一，负责辖区内的管理与服务工作，指导、帮助
社区居委会开展社区工作；第二，负责辖区内的社会事务和社会保
障、卫生、安全、劳动、文化等管理工作，做好社会保障和社会救
助工作，做好辖区内的经济和社会发展工作；第三，维护辖区内的

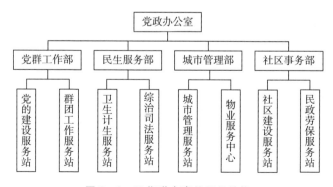

**图 3-2　H 街道办事处组织结构**

社会稳定；第四，负责国防和兵役、减灾防灾工作；第五，向上级人民政府反映辖区内居民的意见和要求，以及完成上级政府交办的其他事项。

H乡政府转变为H街道办事处后，可以看出基层政权组织的结构和功能都发生了转变。从组织性质的角度来说，乡政府是一级人民政府，而现在的街道办事处是人民政府在城市基层的派出机构；从服务对象的角度来说，以前乡政府时期主要为农民服务，而目前街道办事处则是为城市居民服务；从管理职能的角度来说，以往乡政府可以直接管理农村的政治、经济、文化等各种活动，尤其是在市场经济中发挥调控、协调、监督等作用，经济管理职能较为突出，而街道办事处的职能，更强调其在城市管理和社会公共服务方面的职能。

（二）"社区事件"观察：征地补偿工作中的街道办事处

"村改居"过程中，征地补偿是一件关系政府与居民的大事。当时S队的土地被征时，区政府考虑到村民转型为市民后的"就业难"问题，出台了相关的补偿性政策：S队的村民可以认购"口粮房"，即在商品楼建成后，给予每人5平方米的营业房或者20平方米的公寓。营业房和公寓按照成本价向村民出售。村民向政府交纳房款后，营业房和公寓就能落实到村民手中。

认购"口粮房"是为居民谋求利益的好事，但在认购住房和收缴房费时遇到了困难。当时街道办事处只有一人负责该项工作，Y社区居委会并不需要承担该项工作。H街道办事处辖区内包括Y社区在内共有三个"村改居"社区都需完成此项工作，因此一时间有大量的居民集中办理，H街道办事处难以应对这种场面，再加上街道办事处的居民信息不全，使得该项工作难上加难。不得已之下，H街道办事处向社区居委会求助，但Y社区居委会工作人员认为这项工作不应该是他们做，不在他们的工作职责范围内，加上社区内当时有"社区创新"等其他重要工作任务，所以没有派人来协助H街道办事处的工作。这样一来，"口粮房"的认购工作停滞，最终H

街道办事处的工作人员利用与居委会主任的私交，拜托居委会派出工作人员，才完成了 Y 社区居民的"口粮房"认购工作。

这次事件让 H 街道办事处的 W 主任有很深的感触，他谈道：

> 现在街道办事处和以前乡政府时的工作方式有很大变化。像这次认购"口粮房"，以前这样的工作我们只要布置给村里就行。现在反过来我们得求人家帮忙。（20151116JD－W）

的确，在调研中发现，与当时的乡政府相比，H 街道办事处在一些管理工作中比较被动。

## 二　基层自治组织的转变：从村委会到社区居委会

（一）"社区组织"观察："村改居"前后的基层自治组织

Y 社区居委会的前身是 S 队村委会。当时的村委会是一般村委会的结构，包括村委会主任、副主任和委员，主要负责实施村里的经济、建设等各项发展计划，管理村级财务，帮助村经济组织依法进行经济活动，保障 S 队的村集体利益和村民的合法权益。

"村改居"之后，S 队村委会转变为现在的 Y 社区居委会，并实行网格化管理，有 13 名工作人员，其中，居委会主任（兼书记）担任网格长，下设 2 个副网格长，以及 10 个网格员。Y 社区居委会的主要工作职责包括：第一，宣传国家政策，落实上级政府部门的各项工作部署；第二，全面掌握 Y 社区网格内住户的基本情况；第三，积极收集、反馈网格信息，做好社区相关服务工作；第四，督促检查网格内的社区党建、民政、劳动保障、卫生、计划生育、残联、维稳综治、文明创建等各项工作落实；第五，做好网格内的居民矛盾排查，维护群众利益，预防矛盾发生。

可以看出"村改居"不仅仅是居住空间的变化，在社区居委会工作人员的组成和各自负责的工作等方面也发生了较大改变，S 队村委会以前主要是管一管蔬菜的种植和生产，现在社区居委会的工作重点变成了社区治理。尽管前文提到银川市出台了"社区行政工作准入清单",其主要意图在于减轻社区居委会的行政工作负担,但是就 Y 社区来看,社区居委会仍然疲于应付各项行政工作。这一点在 Y 社区居委会主任的访谈中表现得非常明显:

> 那个时候在村委会工作,活都还算是比较轻松的。我们大队是种植蔬菜的,所以作为村委会,我们需要做的只是决定队里要种多少蔬菜、种哪些粮食作物。但是现在把村委会变成了居委会,我们平时工作的任务一下子多了起来。反正上面(政府)要求的我们就得干。(20151117JW－M)

在社区居委会职责明确的前提下,Y 社区居委会的行政工作仍然繁重,本研究认为与以下几点有关:第一,作为对社区居民情况最了解、与居民接触最频繁的社区组织,社区居委会在完成上级安排的工作上具有先天优势;第二,社区居委会的运行需要街道办事处的支持与指导,这就使政府部门在一定程度上可以制约街道办事处;第三,很多居民并不了解社区居委会其实是居民自治组织,将其误解为"官方"性质。

在基层自治组织的转型过程中,无论是之前的村委会主任,还是现在的社区居委会主任,都在社区生活中具有举足轻重的作用。之前的村委会主任掌管着 S 队中大到农作物种植、小到调解村民纠纷等各种事情。现在转型为城市社区后,原先的习惯也被保留下来。与一般城市社区相比,Y 社区居委会主任负责的工作事务要更多更细,除了日常的居委会工作之外,还有调解邻里纠纷,甚至帮助居民找工作、相亲,等等。对此,Y 社区居委会主任说:

> 我做的这些事儿看起来琐琐碎碎,好像不应该在我的工作(范围)内。但我自己认为这应该是社区工作的一部分。大家都是原来一个村的村民,认识这么多年了,原来有什么事都习惯

找村主任。现在我是居委会主任，还是想办法能帮上忙的尽量多帮一点。主要是我认为大家会因为我的帮助而更加信任居委会这个组织，这样的话，平时我们进行居委会的工作也就顺利一些。（20151117JW－M）

Y 社区居委会的 M 主任从 Y 社区建立到本研究的调研时间段内，已经三次在居委会的选举中几乎全票当选。本研究认为他在社区中具有如此高的威信，源于：第一，社区居委会主任保留了村落时期建立在"人情关系"上的工作方式；第二，Y 社区的大多数居民由原先的 S 队村民转变而来，也保留了村落社区中"有事找村主任"的传统。这使得 Y 社区的管理因为建立在"共同体"意识的基础上，而相对其他一般城市社区来说公共事务的解决比较容易达成一致意见。

（二）"社区事件"观察：社区居委会承接物业管理职能

在调研中发现，上述的"村落记忆""共同体"意识甚至使得 Y 社区的物业管理也不同于一般城市社区。在 Y 社区最初成立时，当时政府考虑到社区"村改居"的实际情况，安排了物业管理公司进入 Y 社区进行物业管理，并将物业费定价为每月每平方米 0.35 元。与银川市的其他社区相比，较低价格的物业费使人们很难满意物业管理公司的服务质量。社区内的部分居民由于不满意物业管理公司的服务，开始拒绝缴纳物业管理费。在经过数次协商之后，双方未达成满意的结果，最终物业管理公司从 Y 社区撤出。并且银川市物业行业内的其他公司也因政府定价太低，不打算进入 Y 社区，所以 Y 社区的物业管理一度陷入"瘫痪"状态。

后来，经过上级政府、街道办事处和社区居委会三方的协商，决定暂由 Y 社区的居委会担负起物业管理工作。居委会负责之后，Y 社区的物业管理的质量得到了明显提升，政府也由此做出决定，以 Y 社区为试点，试行"六位一体"① 的服务"管家"模式：社区物业管理公司的负责人由社区居委会主任兼任，其他工作人员则由社区自行招聘，物业管理费用由居委会负责收缴。此次改革不但使社区物业管理水平得到了明显提高，还缓解了 Y 社区居委会资金缺乏的窘境，同时还加强了物业服务机构（社区居委会）与居民的联系。并且，招聘的物业管理公司工作人员大多数是 Y 社区内的"4050"② 失业人员，共计 30 人，这又缓解了 Y 社区内部分失地农民的就业压力。

Y 社区居委会能够很好地承接物业管理工作并提供良好的物业服务，主要原因在于如下。第一，市场上的物业管理公司出于成本的考虑、盈利的目的，很难在低廉的物业费下提供高水平服务，而对于 Y 社区居委会来讲，由于不用支付租用办公场地等费用，居民缴纳的每月每平方米 0.35 元物业费足以维持物业管理工作的运作。第二，社区居委会作为 Y 社区内与居民日常联系频繁的组织，针对社区中的物业管理问题，社区居委会能够进行及时、有效的回复和改进，使得物业管理服务质量大幅提升。第三，居民所缴的物业费提供给 Y 社区居委会稳定的运作资金，这使得社区内各项工作和活动能够适时高效地开展，改善了社区环境，同时也增强了社区居民对居委会的满意程度，居民更乐意配合 Y 社区居委会的工作。社区居民和居委会的关系得到了改善，形成了良性循环。第四，Y 社区居委会招聘社区内的居民为物业管理人员，不仅解决了社区内一部分居民的再就业问题，而且作为社区"内部人"，物业管理人员对 Y 社区的物业工作尽心尽力。在社区物业管理水平有所提高的同时，社区归属感也有所提升。

---

① 指由社区居委会承担包括党组织领导、居委会协调、网格员协助、警务室配合、物业公司服务、业委会监督六项职能。

② "4050"人员是指处于劳动年龄中女性 40 岁以上、男性 50 岁以上的群体。这一群体就业愿望迫切，但是因自身就业条件较差、技能单一等原因，难以在劳动力市场中实现竞争就业。

## 三  新的权力主体：社区内的其他组织

### (一)"社区组织"观察：社区社团和民办非企业的出现

在村落时期，S 队中没有其他社区组织。村中除了村委会之外，也就没有其他组织参与该农村社区的管理，村中的组织管理结构较为单一。"村改居"之后，作为城市社区，Y 社区内的社会组织开始呈现出多元发展态势。

最先出现在 Y 社区的社团组织，包括合唱队、秦腔队、歌舞队等，其主要活动内容是组织和管理居民日常文娱活动。这些社区社团组织都需在民政部门进行登记，由居民选出一位负责人，负责社团的运行和管理工作。负责人大都是 Y 社区中在文娱方面具有特长的老人，例如秦腔队的负责人曾经是宁夏歌舞团的专业演员。

2015 年，Y 社区有了第一个民办非企业——"老年餐桌"运营组织。该组织隶属于宁夏回族自治区老龄委，是老龄委下属的慰老公司为承接银川市社区养老服务项目组建的公司。该公司在 Y 社区的子公司，共有五名工作人员，其中一人为经理，他是慰老公司的正式工作人员，其余四名工作人员是面向社会公开招聘的，主要工作是负责做饭与收款。

综上所述，从村落社区到城市社区，Y 社区内出现了新的权力主体，社区组织与管理主体呈现出多元发展趋势，但是社区内的社团组织和民办非企业组织承担的管理职能较为单一。社区中活跃的大多是以文娱为主要内容的社区社团。从访谈中得知，Y 社区大多数居民对是否成立业主委员会感到无所谓。可以说，Y 社区中的其他组织并不是社区管理的主体，并未处于重要位置。

### (二)"社区事件"观察："老年餐桌"项目重建中初显社区分权

"老年餐桌"项目是银川市近些年根据城市老龄化特征推出的社区养老服务项目。Y 社区最初的"老年餐桌"项目由私人承包，由于私人财力物力人力（仅三名工作人员）有限，当时"老年餐桌"

设施简陋、饭菜不可口，而且冬天供暖不足，所以很少有老年人到"老年餐桌"就餐。在私人经营不善的情况下，Y 社区居委会将"老年餐桌"的场地和运营权交与政府。经过上级政府调研，于 2015 年将 Y 社区"老年餐桌"的运营权尝试性地交与宁夏回族自治区老龄委下属的慰老公司。这是 Y 社区内第一次出现了民办非企业组织。

Y 社区的"老年餐桌"采取居委会指导与慰老公司自主管理相结合的方式运营。其中，场地（共三层）由辖区政府提供（不收取任何房租），第一层为就餐场所，第二层为饭后娱乐场所，第三层为休息室。"老年餐桌"项目重建后，考虑到 Y 社区的多民族性，为保障有宗教信仰、饮食禁忌的少数民族老人能放心用餐，公司严格把控和筛选肉类和蔬菜的来源，尤其是肉类需在指定地点购买，同时所有食品都要经过社区居委会和清真寺相关人员的检查，能够让少数民族老人放心食用。尽管正式运营前，慰老公司的工作人员进行了大力宣传，但是正式运营时，只有一位老人参与。公司经理与前来打牌娱乐的 Y 社区老人们聊天中发现，社区中的老年人，尤其是少数民族老人对重建的"老年餐桌"并不信任。在这种情况下，Y 社区内的慰老公司向社区居委会求助，通过社区中清真寺宗教人士的帮助宣传，后来每天固定用餐人数达到 20 多人，另外有 100 多人选择送餐服务。

缺乏信任，是外来社会组织在 Y 社区感受到的最大苦恼。对此，Y 社区"老年餐桌"项目的负责人谈道：

> 尽管我们想办法把"老年餐桌"做得好一些，为老人们多着想一些，但是居民对我们的工作不是太认可。（对"老年餐桌"）有什么意见，不直接向我们反映，而是去找居委会说。所以我们感觉到，居民对我们好像并不是很信任。（20151119ST－B）

访谈中了解到，相比于民办非企业，Y 社区居民对社区居委会的信任感更强。信任的缺失，本研究认为原因有以下几方面：第一，由于此前经历过与物业管理公司相处不愉快的经历，Y 社区居民对于新进入的社会组织存在排斥感，这在调研中对 Y 社区居民的访谈中多次感受到；第二，Y 社区居民的多民族性尤其是少数民族居民对食品的清真要求，使得尽管"老年餐桌"的饭菜经过了居委会和清真寺的检查，但仍有多数回族老人表现出在家用餐的意愿。

与社区居民的态度相比，Y 社区居委会对慰老公司等组织进入社区持支持态度，有工作人员说：

> 以前社区的老年人在一起活动，我们过一段时间就得去看看活动情况。现在社区里的社团都在民政局注册过，也有专人管理，我们的工作轻松了很多。慰老公司进来以后，"老年餐桌"也有人管了，我们再不用一趟一趟跑了。(20151117JW－W)

尽管目前社区社团与民办非企业在 Y 社区治理中处于"边缘地带"，但是在对 Y 社区居委会工作人员的访谈中我们可以感受到 Y 社区治理结构中正在添加多元要素。

### 四　城市多民族社区的特殊性：社区中的宗教组织

宗教组织是行政组织、社区组织以外的一种特殊组织。与一般城市社区相比，城市多民族社区内少数民族居民比例高是一个特点，另一个特点是社区中可能会存在宗教组织。本研究以多民族社区为研究对象，须考虑宗教组织对社区管理产生的影响。

（一）宗教组织角色的转变

马凌诺斯基认为，"在它的（即宗教）伦理方面，宗教令人类的生活和行为神圣化，于是变为最强有力的一种控制"[①]。在中国，宗教虽然不能作为伦理方面强有力的控制手段，宗教职业者一般也

---

① 马凌诺斯基. 文化论 [M]. 费孝通，译. 北京：华夏出版社，2002：86.

不会插手社区的世俗事务，然而由于宗教信仰潜移默化地影响着信仰宗教的少数民族居民日常生活中的价值观念和行为方式，所以宗教职业者的个人意见和选择，可能扩大为社区一部分信仰宗教的少数民族居民的集体看法和选择。因而宗教职业者虽然不参加政策决策过程，但是他们在政策执行和反馈环节中的表现，会因为其自身的特殊地位受到国家机构和社区组织的重视。

Y 社区"村改居"之前，宗教组织在村落的治理中的作用不是很明显。日常生活中，汉族居民在佛教寺庙烧香拜佛，回族村民在清真寺做礼拜，汉回两族的寺庙互不影响，宗教组织并没有参与到村落社区的治理中。修建寺庙的资金都是两族居民各自捐款，村委会不参与其中。回族清真寺中的阿訇会在开斋节、古尔邦节等少数民族喜庆节日时，为回族村民做节日活动。

Y 社区"村改居"之后，银川市政府将原村内的土地庙搬移至 Y 社区外，将原先村子里的两个小些的清真寺合并成一个，即现在 Y 社区内的清真大寺，是银川市内目前规模较大的一座清真寺。这座清真寺成为许多回族居民在他们节日期间聚在一起过节的地方，寺内的阿訇在信仰伊斯兰教的社区居民中的威信较高，在社区治理过程中的影响作用也较之以前更明显。社区居委会工作人员通过联系阿訇，能够更好地在少数民族居民中开展一些社区工作，例如社区内团结与稳定的宣传工作，积极开展各民族居民共同参与的活动，等等。

（二）宗教组织的作用：作为沟通社区居委会与少数民族居民的桥梁

Y 社区中的宗教组织虽然不参与社区重大公共事务的决策和社区具体事务的管理，但是一些宗教人士会在社区居委会工作人员的联系后，运用自己在少数民族居民中的影响力，参与某些棘手的社区工作并推动工作顺利完成。

在 Y 社区成立初期，在医疗保障问题中，社区居委会需要帮助 Y 社区居民将原先的农保转为城市居民社保。这一工作开展过程中遇到了难题。一些少数民族居民因为要交纳的保险金有所提高而不愿意转保，致使 Y 社区的该项工作停滞不前。为了确保农保转社保工作的顺利完成，Y 社区居委会联系了宗教组织，先向清真寺的宗教人士解释清楚转保的好处，希望他们能向社区内的少数民族居民传达转保的益处。清真寺的宗教人士在了解具体情况后，积极主动配合 Y 社区居委会，在少数民族居民做完礼拜之后，向聚集在一起的居民们讲解农保转社保政策，客观分析该政策。在清真寺内宗教人士的大力支持之下，该项工作最终得以落实。

Y 社区居委会主任在访谈中说：

> 原来"村改居"之前，其实村里也没有这么多事，现在"村改居"之后，需要落实到居民头上的工作比较多。清真寺如果配合我们，能为我们的工作开展提供很多便利。转保的事，还有土地补偿款、"老年餐桌"项目的宣传、"创卫"工作，我们可以依靠清真寺的协助力量。(20151117JW－M)

可以说，社区内的宗教组织与信仰宗教的少数民族居民生活关联较多，宗教人士借助于他们在这部分居民中的一定的影响力，成为社区居委会与少数民族居民沟通的桥梁。例如在少数民族居民到清真寺做礼拜时，通过清真寺中宗教人士的宣传，可以将社区工作的内容与信息快速、准确地传递给少数民族居民。这是城市多民族社区区别于一般社区管理的地方，也正因为此，在社区治理的过程中，政府和社区居委会会重视宗教组织的力量。

## 第三节　"社区组织—社区事件"研究框架下的社区权力秩序重构

结合此章第一节社区权力秩序建构的理论视角、"社区组织—社区事件"的分析框架，以及第二节 Y 社区的案例描述，下文将对作为

"村改居""多民族社区"的 Y 社区的权力秩序重构进行分析。

## 一 社区权力建构秩序的重构：刚性运作与柔性运作并存

从 Y 社区的建立与发展来看，社区管理的主体之间关系实际上经历了两次重大转变。第一次是因为城市化推进的影响，银川市推进"村改居"工程发展战略，使原先由乡政府指导村委会工作的关系转变为现在街道办事处指导社区居委会工作的关系。第二次是由于银川市实行"社区服务事项准入清单"工作，社区居委会与街道办事处的关系再次发生了改变。这两者关系的改变影响了 Y 社区权力运行的方式。

### （一）社区权力的刚性运作

在 Y 社区"村改居"之前，当时的乡政府主要负责统筹规划，而 S 队的村委会负责村民自治工作。在这种关系下，村委会没有过多的行政工作压力，日常管理具有较多的自主性。"村改居"之后，原先的乡政府由一级政府变成了城市基层政府的派出机构，H 街道办事处需要完成区政府分配的大量行政工作，工作重心转移为完成上级政府的行政任务，而街道办事处又只能依托社区分解这些工作任务。相较之前，二者的关系发生了巨大改变，Y 社区居委会不得已接手繁重的行政任务。可以说这一阶段 H 街道办事处与 Y 社区居委会是建立在"压力型"体制下的从属关系，而非指导与被指导的关系。

荣敬本所理解的"压力型"体制，是指一级政治组织为了实现经济赶超，完成上级下达的各项指标而采取的数量化任务分解的管理方式和物质化的评价体系①。虽然 H 街道办事处的组织行为与荣敬本所分析的"为了实现经济赶超"的组织目的不相同，但"压力型"体制所体现的组织关系在"村改居"后的 H 街道办事处与 Y 社

---

① 荣敬本.从压力型体制向民主合作体制的转变［M］.北京：中央编译出版社，1998：28.

区居委会之间有明显的体现。H 街道办为了完成上级政府交予的行政工作，将这些工作分指标和任务指派到包括 Y 社区在内的街道各个所辖社区，对社区居委会工作的考核标准包括这些任务完成的质量情况。Y 社区居委会等社区居委会承受着来自街道办事处的行政工作任务压力，使得 Y 社区居委会行政化倾向严重。

造成这一阶段从属关系与工作方式的原因，主要是街道办事处与居委会的"压力型"关系普遍存在于我国的城市基层治理过程中，并演化为一种常态。街道办事处作为城市基层行政系统的末梢，承担了繁重的行政工作，为应对区政府的考核，只能将行政工作进一步分派到所辖的各社区居委会，社区居委会通过完成行政工作并保证质量来获取行政系统对其的认可。

（二）社区权力的柔性运作

如果说 Y 社区经历的第一次重大转变体现了社区权力的刚性运作，第二次重大转变则表现为社区权力的柔性运作。正如前文所述，在 2015 年银川市出台"社区居委会行政工作准入清单"之后，规定除"清单"内的 28 项行政工作之外，其余的行政工作任务社区居委会有权利拒绝承担，超出"清单"之外的各项工作应当以向社区居委会购买服务的方式进行。这一改革，使得街道办事处和社区居委会原先的"压力型"关系发生转变。H 街道办事处的工作人员谈道：

> "清单"实施以前，上级政府给我们下派行政工作的时候，我们直接就可以安排给社区居委会，居委会的工作人员会配合我们完成这些行政工作。但是现在情况变了，居委会有政策支持，可以拒绝我们安排的活儿了。我们街道办又人手有限，所以现在街道办的工作变得难开展了。（20151116JD－W）

这种关系模式的转变，还体现在街道办事处与社区居委会的多次工作合作中。例如，在全国 1% 人口普查工作过程中，当时 H 街道办事处由于工作人员繁忙，仅由一人负责整个辖区的人口普查工作，人手少而任务重，几乎无法完成。因此，H 街道办事处提出让 Y 社区居委会配合 Y 社区内的人口普查工作，但是 Y 社区居委会以所安排工作为"清单"之外任务且当时居委会工作繁忙为由拒绝。最后，H 街道办事处领导不得不用自己的"人情""面子"与 Y 社区居委会主任沟通，才得到居委会的配合完成了人口普查工作。而 H 街道办事处也会因此考虑在资金分配、评优等工作上优先考虑 Y 社区。

可以说，现在在 H 街道办与 Y 社区居委会之间，社区权力越来越多、越来越明显地建立在双方互惠互利的基础之上，较多体现为"柔性运作"方式，但不可否认，街道办事处仍然处于主导地位。在这一轮的变化中，"准入清单"的实施，是改变社区权力建构秩序的主要因素。由于"准入清单"中明确规定了社区居委会的职责范围，街道办事处依照条例不能向社区居委会下沉超出规定的行政任务。但是，街道办事处为社区居委会提供着主要资金来源，依旧掌握着其部分人事权，同时，居委会又很难拒绝街道办的"人情""面子"。所以在新一轮的变革中，街道办事处仍然处于社区权力秩序中的主导地位，但其中包含了权力的柔性运作。Y 社区权力结构秩序的转变如图 3 - 3 所示。

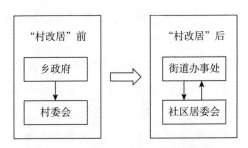

**图 3 - 3　Y 社区权力结构建构秩序转变**

**二　社区权力自发秩序的重构：从"一元主体"到居委会主导的"多元主体"**

社区权力自发秩序的重构不同于建构秩序，更多是由于社区自身不断发展而引发的。正如前文所述，Y 社区的前身 S 队中，村委会的主要日常工作是负责村里的农业种植计划，工作内容较为单一，村民以农业种植为主要生活资金来源，所以对村庄治理关心程度不够。作为村落社区，S 队中很多村民本身就有家族、宗族、血缘关系。所以 S 队的治理实际上是依托于家族、宗族、"熟人社会"，形成了"一元（即村委会）主体"权力格局，村中除村委会之外不存在其他权力主体。这种权力格局的形成也受到我国"乡政村治"的治理模式的影响。"乡政村治"是从 20 世纪 70 年代末起，我国恢复建立乡政府，乡镇一级以下没有基层政权，而是成立村民委员会，村民进行自治的模式①。在这一模式下，村委会作为村落中权力主体的地位被村民所接受。再加上整个村落内家族、宗族和"熟人社会"的影响颇大，维系着村落内的关系，其他权力主体很难也没有必要进入村落。

"村改居"之后，S 队转型为 Y 社区，原来村中的村委会转变为现在的社区居委会，在这一转变过程中，社区权力的自发秩序也发生转变。Y 社区居委会现在要负责社区治理的方方面面，包括完成街道办事处等行政机构下达的各项行政任务、Y 社区的治理任务、满足社区居民需求所应提供的公共服务等，各种工作任务繁多纷杂。Y 社区社团组织在此背景下逐渐自发形成。例如，多数居民认为 Y 社区内的居民文娱活动由于缺乏组织和管理而开展得混乱无序，居民们通过商量推举几位热心居民代表到社区居委会进行咨询，开始筹建相关社团组织，在社区居委会的引导支持下，到民政局完成了注册，新的社团组织就成立了。该社团组织开始组织和管理 Y 社区居民文娱活动，而社区居委会只负责对这些社团组织进行指导和监督。"老年餐桌"项目下进入 Y 社区的慰老公司，实际上是帮助社区居委会进行养老服务的另一社区组织。再加上 Y 社区的多民族性，

---

① 南刚志. 中国乡村治理模式的创新：从"乡政村治"到"乡村民主自治"［J］. 中国行政管理，2011（5）：70.

当社区居委会在少数民族居民间开展工作遇到困难时，宗教组织也会帮助社区居委会进行宣传等工作。Y社区权力自发秩序的转变过程如图3-4所示。

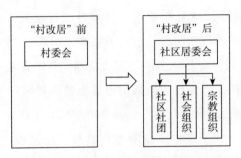

**图3-4 Y社区权力结构自发秩序转变**

尽管Y社区内部现在的权力主体体现出多元性，但是这些主体中仍然以社区居委会为主导。一方面，新成立的社团组织和后期从外部进入Y社区的社会组织等，这些主体存在的时间较短，发育的也不成熟，所以这些组织的工作仍然需要Y社区居委会进行指导和帮助；另一方面与社区居民信任有密切关系，Y社区居民对社区组织的信任程度影响着后者在Y社区的话语权甚至权力分配。

在调研中发现，Y社区居民最信赖的社区组织是社区居委会。一方面，村落记忆使得村委会与村民联系最为密切，村民遇到困难首先会想到找村委会帮助，村委会在村民心中的威望颇高。这种历史记忆也延续到"村改居"之后，表现为Y社区居民对现在社区居委会的信任。另一方面，目前Y社区居委会同时兼有居委会、党组织、物业管理公司的功能，使得Y社区居民与居委会的接触非常紧密，居民在社区的生活环境、享有的服务水平都与Y社区居委会紧紧联系在一起，这也使得居委会在社区居民中享有高威望，从Y社区居委会主任连续三届高票当选就可以看出这一点。所以，社区居委会处于"多元主体"中的主要地位。对于社区内其他组织，Y社区居民表现出多种态度：普遍肯定和支持社区居民自发形成的社团组织；而对于从社区外部进入的社会组织（主要是慰老公司）信任程度不高。在“老年餐桌”项目上，Y 社区居民更多把慰老公司误解为盈利的公司，对慰老公司的服务有所不满时首先想到的不是与慰老公司进行沟通，而是去找社区居委会解决。所以作为社区权力主体的一元，慰老公司处在社区自发秩序权力结构的边缘。宗教组织虽然在目前 Y 社区的治理中也发挥作用，但是其威信和话语权主要建立在信仰宗教的少数民族中。所以一些时候，Y 社区居委会会借助清真寺的威信，在信仰宗教的少数民族居民中开展工作。总之，居民对社区组织越肯定和信任，组织的发展就会更快更好，在 Y 社区自发秩序的权力结构中也会越靠近权力中心。

### 三 社区权力建构秩序与自发秩序的双向互构

社区权力在运行过程中，其建构秩序与自发秩序不是两个相互独立的运行体系，二者是相互影响，在动态交互联系中寻找平衡支撑点。

#### （一）社区权力建构秩序对自发秩序的影响

Y 社区权力秩序重构的这一过程显示：其权力的自发秩序受到不同权力主体之间的关系和运行方式的影响。

从权力主体之间的关系来看，在社区权力的建构秩序中，街道办事处依旧处于核心地位。尽管社区居委会的行政工作在此轮改革中有所减少，但与街道办事处的多次合作，使得社区居委会仍是与街道办事处关系联系密切的组织。社区居民对于社区居委会和街道办事处两者现实中表现出的关系认知是：社区居委会与政府沟通是最可信和最有成效的方式，对社区居委会的认识仍然误解为“半官方”性质。当然，从另一角度来说，这又有利于社区居委会威信的树立，使得现阶段社区居委会在社区权力自发秩序的重构中居于主导地位。

当前街道办事处与社区居委会建立起彼此都可从中获益的协作模式，其逻辑起点就来自一种权力运行方式的变化，街道办事处在行使权力的过程中，由之前的“刚性”转变为现在“柔性”。一方面，社区居委会可以从街道办得到更多的资源和支持；另一方面，社区居委会正逐步在行政审批制度改革下发挥社区自治的功能，进而在社区权力自发秩序中获得优势。

**（二）社区权力自发秩序对建构秩序的影响**

在Y社区，社区权力的自发秩序也在以"逐级向上反馈权力运行过程中所产生的问题"等形式影响着社区权力的建构秩序。自发秩序对于建构秩序的作用与前文建构秩序对于自发秩序的作用比较看来，主要呈现出两个特点：首先是自发秩序对建构秩序的影响力较弱；其次，建构秩序对自发秩序影响的反应时间较长。

在Y社区，作为自发秩序体系中社区权力的主要承载者，社区居委会却很难科学有效地行使其掌舵的权力资源以使社区获得长足发展，这主要是因为社区居委会还面临行政工作压力大等问题。这并不是Y社区的特殊现象，而是银川市社区普遍面临的问题。所以，通过街道办事处等行政机构自下而上的层层反馈，终于使这一问题得到了很大程度上的解决，银川市实施了"社区居委会行政工作准入清单"，这一举措改变了社区权力的建构秩序。当然，由于行政审批制度改革才刚刚开始，所以社区权力自发秩序对建构秩序的影响还需较长时间才能够得到反应。

**（三）Y社区权力秩序的重构**

总体来看，Y社区权力秩序的重构主要有以下四个方面的表现：首先，权力主体的关系在社区建构秩序中有所变化，原有的基层政府组织与自治组织之间的管理与被管理、领导与被领导的关系，逐步转换成一种互动合作的关系；其次，基层政权组织在向下行使权力的路径阻塞，刚性运作的权力运行方式逐步转变为以互利互惠为基础的柔性合作；再次，Y社区由于社区社团的形成和其他社会组织的进入，在自发秩序中逐渐形成了以社区居委会为主导的权力网络结构；最后，权力运行方式在自发秩序中，由先前的基层自治组织单向、直接的行使权力，逐步转变为其他参与组织共享、分化的权力运行方式。Y 社区权力秩序重构如图 3 – 5 所示。

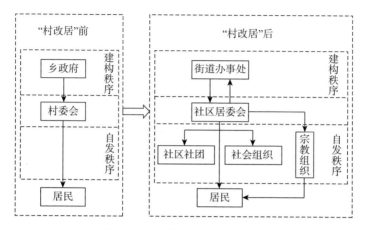

**图 3 – 5 Y 社区权力秩序重构**

# 第四章　田野调查案例二：城市多民族社区服务供给的绩效探索

我国的社区建设实际上是从社区服务开始的。1986 年，民政部提出，希望政府发挥引导作用，社区成员可以通过开展互助性社会服务活动的形式，来解决社区中存在的社会问题，即所谓的"社区服务"。从这一概念提出至今，各地都结合本地情况，积极探索社区服务的建设与发展之路。统计数据显示，30 多年来，我国的社区服务覆盖面不断扩大，社区服务设施数量不断增加，可以说取得了令人瞩目的建设成就。而社区服务是否能满足居民需求？居民对由社区提供的各项服务是否满意？这些问题值得深入思考与探索。在城市多民族社区，社区居民文化、生活以及宗教信仰的差异性，对社区服务提出了更高的要求。而作为社区的重要功能之一，社区服务不仅关乎民生问题，而且与社会稳定、民族关系也有着紧密的联系。在多民族社区内，民族关系的融洽、城市社会的繁荣与稳定都和社区居民对社区服务的满意度息息相关。本章主要对城市多民族社区的社区服务供给状况尤其是绩效问题进行探究。

## 第一节　研究的理论基础："PV – GPG" 理论

### 一　逻辑设计起点：区别于政策输出的政策绩效

作为公共部门对社会利益进行权威性分配的重要手段与工具，公共政策存在的根由就是为了有效地解决社会公共问题。公共政策在制定与执行之后会产生两种公共产品：政策输出与政策绩效。所谓政策输出，是指"政策从事的工作或已经做过的那些事情以及相关的一系列统计或经济数字，但这些只能向人们描述政府做过了什么，而不能告诉人们政府的政策行为产生了什么结果或影响"①。政策绩效，主要包括"量"和"质"两个方面，指的是一定时期内政府政策在特定施政领域的成绩与效益。政策绩效一方面关注"花多大的代价、在多大程度上实现了目标"，即实际效果与成本；另一方面也关注目标群体受政策的影响，特别是目标及非目标群体对政策实施的满意程度②。也就是说，公共政策绩效不仅考量的是政策输出所带来的直观的数字上的变化，更要考量公民对于此项政策的满意程度。

1986 年民政部倡导"社区服务"，可以说是执行"社区服务发展"公共政策的开始。旨在促进社区建设、满足社区居民服务需求的这项公共政策已经取得了较好的政策输出效果。表 4 – 1 是 2014 年全国社区服务体系建设情况，除了硬件建设数据的增长之外，社区服务人力资源水平也有了明显提高。2014 年底，社区服务机构从业人员达到了 85.3 万人，其中具有助理社工师以上职业资格的达到 1.3 万人，大学专科以上学历的达到 29.3 万人；社区志愿组织 12.8 万个，注册社区职员人数达到 22.9 万人，累计志愿服务时间 2381 万小时③。至 2015 年，全国城市社区综合服务设施覆盖率达 81.9%④。

表 4 – 1　2014 年全国社区服务建设状况

| 社区服务供给内容 | 数量 | 与 2013 年相比的增长率（%） |
| --- | --- | --- |
| 社区服务机构数 | 29.6 万个 | 15.9 |
| 社区服务机构覆盖率 | 43.33% | 16 |

① 陈振明. 公共政策学：政策分析的理论、方法和技术［M］. 北京：中国人民大学出版社，2004：284.
② 郑方辉，喻锋. 试论公共政策绩效评价需求［J］. 宏观质量研究，2014（1）：30.
③ 民政部. 2014 年民政工作报告（社会治理创新篇）［EB/OL］.［2014 – 12 – 24］. http://mzzt. mca. gov. cn/article/qgmzgzsphy2015/gzbg/201412/20141200748865. shtml.
④ 民政部. 2015 年民政工作报告（社会治理创新篇）［EB/OL］.［2016 – 12 – 21］. http://www. mca. gov. cn/article/gk/mzgzbg/201605/20160500000233. shtml.

续表

| 社区服务供给内容 | 数量 | 与 2013 年相比的增长率（%） |
|---|---|---|
| 社区日间照料床位数 | 69.1 万张 | 89.3 |
| 社区留宿照料床位数 | 88.9 万张 | 379.8 |

资料来源：民政部. 2014 年民政工作报告（社会治理创新篇）［EB/OL］.［2016 - 12 - 21］. http://www. mca. gov. cn/article/gk/mzgzbg/201605/20160500000233. shtml.

表 4 - 1 的数据显示，政府作为"社区服务"的发动者与直接推动者，做出了大量努力。但是，当前政府单边不断努力提高公共政策所产生的"绩效"，是否能够带来公民对于政策"绩效"的认可？从政策输出与政策绩效的区别来说，显然，前文的数据只是表现出社区服务发展这一公共政策的输出结果或者说产出结果，如果对该项政策的绩效进行评价，公民尤其是政策对象对于政策效果的认识应当纳入考量范围。具体到对城市多民族社区的考量时，社区各族居民的意见应是测量对象。

那么如何考量公民抑或城市多民族社区中各族居民的感受呢？公共价值提供了一个可能的、探索性的评价基础。伴随着 20 世纪 90 年代"治理"理论的兴起，越来越多的共识是，政府绩效更关注横向上与公民、私营企业和非营利组织等利益相关者的合作①；"治理"话语体系下的政府绩效管理，公民扮演了绩效"问题生成者"、"合作生产者"、"拥有者"和"评价者"等多个角色②。而公共价值反映的是公民偏好的政治协调性集体表达③。所以，是否符合公共价值要求是政府绩效所必须要关注的，这也是绩效结果是否达成的重要判断标准。

---

① Brookes S, Grint K. The New Public Leadership Challenge ［M］. Palgrave Macmillan, 2010.

② Ho A, Coates P. Citizen-Initiated Performance Assessment: The Initial Iowa Experience ［J］. Public Performance and Management Review, 2004, 27（3）: 29 - 50.

③ O'Flynn J. From New Public Management to Public Value: Paradigmatic Change and Managerial Implications ［J］. The Australian Journal of Public Administration, 2007, 66（3）: 353 - 366.

## 二 "PV—GPG" 理论的引入

兰州大学包国宪教授团队提出了"以公共价值为基础的政府绩效治理"理论（即 PV—GPG 理论），该理论以公共价值为基本出发点，是治理理论的细化与深化。PV—GPG 理论首先提出了两个基本命题：第一，政府绩效作为一种社会价值建构，能获得合法性的基础的，必须是那些来自社会的政府绩效，能产生可持续提升的需要，也必须是那些根植于社会的政府绩效；第二，以公共价值为基础的政府绩效治理，产出即绩效①。从这两个基本命题出发，以公共价值为基础的政府绩效治理架构如图 4－1 所示：横轴方向体现的是对政府绩效进行的组织管理过程，纵轴方向体现的是对政府绩效进行的价值建构过程。政府绩效的组织管理与价值建构都会遇到价值冲

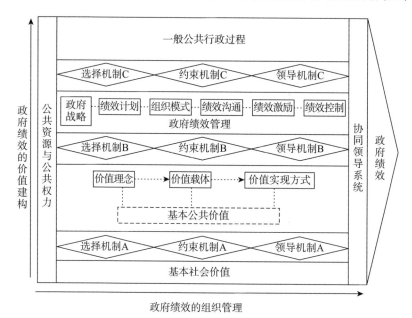

**图 4－1　以公共价值为基础的政府绩效治理模型（PV－GPG 模型）**

---

① 关于 PV－GPG 理论的内容参见：包国宪．政府绩效管理学——以公共价值为基础的政府绩效治理理论与方法［M］．北京：高等教育出版社，2015．

突，这就需要整合不同层次、不同环节各种价值的协同领导系统。综上所述，组织管理、价值建构和协同领导系统三个部分共同构成了 PV – GPG 理论的核心内容。

PV – GPG 理论进一步提出，公共价值的形成大致经历了以下阶段。首先，从社会价值到基本社会价值，基本社会价值是由社会变迁和特定历史条件决定的，也就是说，基本社会价值在特定的历史环境下，会由纷繁多样的社会价值生出。其次，从基本社会价值到基本公共价值，在政府、社会和市场等主体间交互式作用下，达成共识的基本社会价值进入公共领域就成为公共价值。当然，在公共价值的形成过程中，需要选择哪些基本社会价值可能进入公共领域，筛选会受到资源禀赋、运行能力和制度环境等因素的约束，其中还存在价值排序的问题，所以公共价值也是选择机制、约束机制和领导机制共同作用的结果（图 4 – 2 所示）。其中，在识别和判断的基础上，在众多抽象的基本社会价值中选择出那些具体的、可以管理的基本公共价值是选择机制的任务所在。这些运行能力、资源禀赋和制度环境等用于从基本社会价值中筛选出基本公共价值的约束因素及其相互关系的总和构成了约束机制，这其中，在关注到实物层面的约束因素的同时，还应该关注到不同阶层、群体，甚至公民与政治精英间的认知水平和知识结构的差异性。在特定范围内，由基

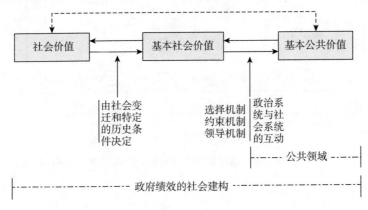

**图 4 – 2  公共价值的生成**

本社会价值到基本公共价值的筛选是一种价值领导作用的发挥，是一种创新机制，这一创新机制就是领导机制。

### 三　研究框架的构建

本章的研究以城市多民族社区各族居民的需求为基本导向，实际上是基于公共价值的研究，旨在探讨城市多民族社区的社区服务绩效。因此，本章以 PV - GPG 理论为研究视角，建立解释框架。

（一）技术路线设计

根据公共价值的含义以及 PV - GPG 理论的基本前提，在城市多民族社区，只有政府的社区服务政策绩效目标契合于社区居民的基本价值诉求，政府社区服务的产出才等于绩效。产出与结果之间的差距一方面来自投入与产出过程的低效率；另一方面来自社会需求、偏好和政府战略系统输入的绩效目标不匹配[①]，这一点在 PV—GPG 理论中已得到了很好解释。因此，本课题组从社区服务供给的内容、合理性、公共表达三个维度，来考量城市多民族社区中在社区服务方面各族居民的需求与政府行动的匹配情况，以此反映城市多民族社区服务供给绩效。此处要注意的前提是政府只对社区各族居民合理的需求进行供给。"内容"、"合理性"和"公共表达"的具体考察内容见表 4 - 2。

表 4 - 2　城市多民族社区服务绩效判断考察维度

| 考察维度 | 政府行动 | 社区各族居民需求 |
|---|---|---|
| 内容 | 提供了哪些服务？ | 需要哪些服务？ |
| | 各项服务项目或设施的数量？ | 需求程度如何？ |
| 合理性 | 无法满足时如何解决？ | 是否考虑政府的供给能力？ |
| | 职责划分如何？ | |

---

[①]　包国宪，王学军. 以公共价值为基础的政府绩效治理——源起、架构与研究问题 [J]. 公共管理学报，2012（2）：89 - 97.

| 考察维度 | 政府行动 | 社区各族居民需求 |
|---|---|---|
| 公共表达 | 是否进行居民需求调查？ | 是否有表达需求的意愿？ |
| | 是否有提高居民参与积极性的措施？ | 是否主动表达需求？ |

在对上述维度进行考量得到城市多民族社区服务绩效的判断之后，以选择机制、约束机制和领导机制构成的 PV - GPG 理论中的"政府绩效社会价值建构机制"可运用于绩效结果的解释。各机制进一步的解释如表 4 - 3 所示。

表 4 - 3 "政府绩效社会价值建构机制"的具体解释

| | | 政府 | 社区各族居民 |
|---|---|---|---|
| 政府绩效社会价值构建机制 | 选择机制 | 识别、判断 | 需求表达 |
| | 约束机制 | 资源禀赋、运行能力、制度环境；知识构成和认知水平 | 知识构成和认知水平 |
| | 领导机制 | 领导力 | 居民代表 |

也就是说，在本章的研究中，作为识别和判断城市多民族社区中可提供的社区服务内容的"选择机制"，既是政府的主动行为，也需要社区各族居民的需求表达；从政府角度来说，"约束机制"包括资源禀赋、运行能力、制度环境，以及知识构成和认知水平，从社区各族居民角度来说，主要是知识构成和认知水平；"领导机制"从政府角度来说，主要体现为对城市多民族社区服务供给的领导能力，从社区各族居民角度来说，是要有居民代表，多民族社区中的居民代表可以为政府和社区中各族居民的沟通起到积极作用，可以促进社区各族居民心声的表达，为政府的社区服务供给行动提供指导，从而促进政府和社区各族居民形成和谐融洽的关系。

综上所述，本章的研究思路如图 4 - 3 所示，研究过程中采用问卷调查、深度访谈等方法收集数据。

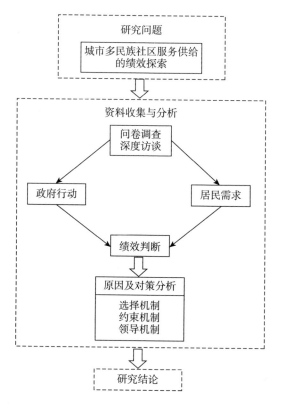

**图 4 - 3　城市多民族社区服务供给绩效探索思路设计**

（二）"社区服务"概念操作化

我国《社区服务体系建设规划（2011—2015 年)》将社区服务界定为，首先，社区服务是一种在党委、政府的领导与支持下的一种社会多元参与主体所构成的网络运行机制；这一机制的基本单元为社区；依靠社区内的各种软硬件设施服务于社区内全体居民以及辖区内的单位等；为满足社区内单位、居民个人等的基本诉求，而开展的志愿服务、便民利民服务等各种公共服务①。尽管按照上述"规划"来说，在社区场域，提倡社区服务供给应有多元主体参与完

---

① 国务院办公厅. 国务院办公厅关于印发社区服务体系建设规划（2011—2015 年）的通知［EB/OL］.［2011 - 12 - 29］. http://www.gov.cn/zwgk/2011 - 12/29/content_2032915. htm.

成，但是在我国目前政府主导型的社区管理模式下，政府仍然是社区服务的主要供给者、主导方。所以在本章的案例研究中，对于社区服务供给的主体，主要调查了政府一方。

考虑到城市多民族社区居民的特殊性，依据《社区服务体系建设规划（2011—2015 年）》，社区服务在本研究中的概念进一步细化为：①社区劳动就业、社会保险和社会服务；②社区医疗卫生和计划生育服务；③社区文化、教育、体育服务；④社区法律、治安服务；⑤社区便民利民服务，共五个方面，如表 4-4 所示。本研究将在本章第二节根据概念操作后的结果，对所选取的 L 社区的服务供给现状进行分析。

**表 4-4  城市多民族社区服务类别**

| | 类别 | 内容 |
|---|---|---|
| 社区服务 | 1. 社区劳动就业、社会保险和社会服务 | 101. 劳动就业服务 |
| | | 102. 社保宣传及办理 |
| | | 103. 少数民族就业及社保帮扶活动 |
| | | 104. 家政服务 |
| | | 105. 养老服务 |
| | | 106. 社区照料 |
| | | 107. 医患陪护 |
| | 2. 社区医疗卫生和计划生育服务 | 201. 居民健康档案 |
| | | 202. 健康知识教育 |
| | | 203. 疾病管理及预防 |
| | | 204. 医疗保健（儿童、老年人、孕产妇等） |
| | | 205. 卫生监督协管 |
| | | 206. 计划生育服务 |
| | | 207. 实有人口动态信息采集服务 |
| | 3. 社区文化、教育、体育服务 | 301. 文化娱乐活动 |
| | | 302. 公益性未成年人上网场所 |
| | | 303. 社区教育（文化普及、幼儿园等） |

续表

| 类别 | | 内容 |
|------|------|------|
| 社区服务 | 3. 社区文化、教育、体育服务 | 304. 民族文化宣传教育 |
| | | 305. 体育健身设施 |
| | 4. 社区法律、治安服务 | 401. 法律咨询及援助 |
| | | 402. 家庭邻里协调 |
| | | 403. 社区警务室 |
| | 5. 社区便民利民服务 | 501. 日常生活网点（超市、菜店等） |
| | | 502. 对日常生活网点进行监管 |
| | | 503. 民族用品供应（食品、物品等） |
| | | 504. 居民楼意见箱 |

## 第二节　兰州市多民族社区服务供给现状审视：以 L 社区为例

本研究所选取的案例对象——L 社区位处兰州市南部，辖区面积 0.3 平方公里，常住居民 1540 户，共计 4374 人，其中，少数民族居民 662 户，共 1968 人（回族、东乡族居民较多），占总人口的约 45%。可以说，该社区为典型的城市多民族社区，并且社区内流动人口也较多。由于 L 社区管辖范围处于铁路三角地带，北侧是兰新线铁路，南侧是阿干铁路专用线，东侧是进入兰州市的交通要道硷沟沿大街，所以临夏回族自治州临夏市、广河县、东乡县、康乐县等市县的许多进城务工人员，依照少数民族的生活习惯自愿在此聚集工作生活。除本省务工人员之外，还有云南、安徽、贵州、浙江、江苏等省份的经商人员也多年在该社区居住。此外，L 社区内的下岗、失业、无业居民也相对集中。这些社区人口结构，使得 L 社区内的居民较其他城市社区的居民，在服务需求上呈现出一些特性。因此，本研究正是基于上述现实，选择了 L 社区作为研究对象的。针对研究问题，本研究从 L 社区各族居民服务需求与政府社区服务供给行动两方面进行田野调查。

## 一　L社区各族居民服务需求状况审视

对于L社区各族居民对社区服务的需求，本研究从"内容、合理性与公共表达"（见表4-2）三个维度，采用对社区各族居民进行访谈与问卷调查（问卷设计参见附录二）的方式获取一手资料。问卷调查过程中，通过非概率抽样的方法①，在L社区发放问卷100份，最终得到82%的有效回收率。被调查对象的基本情况如图4-4所示。从下列数据可以看出，尽管问卷调查采用了非概率抽样的方式，但是被调查对象在人口构成特征上分布具有均衡性，所获取的数据能够支撑本研究。

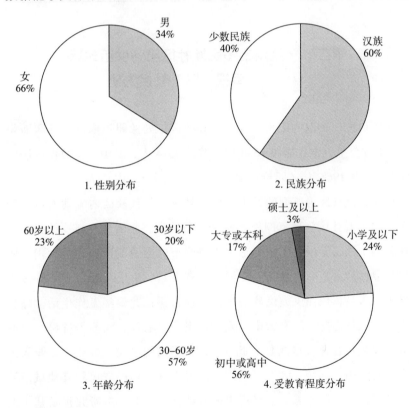

1. 性别分布

2. 民族分布

3. 年龄分布

4. 受教育程度分布

① 选择非概率抽样的方式发放问卷，原因同第二章第一节中有关"非概率抽样"的解释。

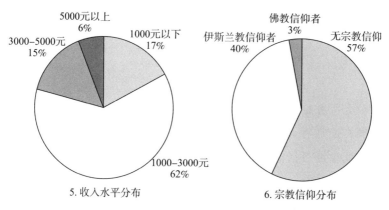

5. 收入水平分布　　　　　　6. 宗教信仰分布

**图 4 - 4　L 社区被问卷调查居民基本情况**

（一）内容

1. 社区劳动就业、社会保险和社会服务

图 4 - 5 显示了 L 社区中的被调查者对于社会保险、社区劳动就业和社会服务等社区服务的需求状况（可多选）。从图 4 - 5 可以看出，被调查者按对社区服务需求量从大到小，依次为：劳动就业服务和养老服务、社保服务、家政服务、社区照料以及病患陪护。L 社区居民的家庭平均月收入水平不高，并且大多数家庭是男性外出务工，留下妻子在家照顾老小的生活模式，所以更希望提供就业方面的信息与培训，提升居民（无论是男性还是女性）的就业能力，增加家庭收入。例如，在对 L 社区居民的访谈中，有男性居民谈道：

　　　能在家里面干活当然还是愿意在家里面干活啊，（这样）可以一边照顾孩子老人，还能挣钱，这谁都想嘛。但是家里这边我不知道能找到什么样的活儿？不知道能不能比外面赚得多？（20150922JM - Z）

有女性居民谈道：

> 要是政府能给我们办个（培训）班儿，让我们学点啥，一方面可以照顾家里的老人和娃娃，另一方面自己再能赚点钱，就好了。（20150922JM‒M）

养老服务是 L 社区居民的另一大服务需求，反映出城市多民族社区同样面临着人口老龄化程度严重的问题。而城市多民族社区中各族居民生活习俗的不同，要求这一服务的供给必须多样化和贴近居民需求。

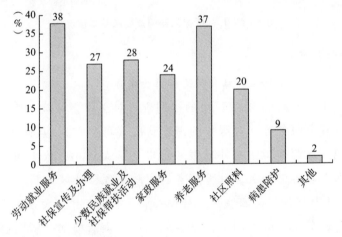

**图 4‒5  L 社区被调查居民劳动就业、社会保险和社会服务需求**

2. 社区医疗卫生和计划生育服务

图 4‒6 显示了 L 社区被调查的各族居民对社区医疗卫生和计划生育服务的需求状况（可多选）。从图 4‒6 可以看出，需求较为强烈的依次为居民健康档案、健康知识教育与医疗保健、疾病管理及预防。随着现代社会的发展，城市居民越来越关注健康与医疗问题，城市多民族社区也不例外。在对 L 社区各族居民的访谈中，很多居民谈到希望在 L 社区中能够开展各种义诊活动，希望 L 社区有自己的社区卫生服务机构，能够满足居民放心、安心看病的需求，能够满足儿童接种疫苗等基本医疗服务需求。

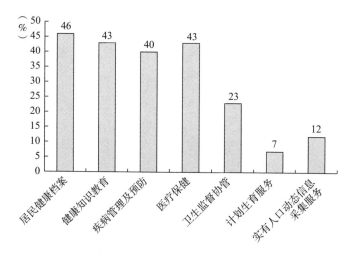

**图4-6　L社区被调查居民社区医疗卫生和计划生育服务等需求**

3. 社区文化、教育、体育服务

图4-7呈现的是L社区被调查者对于体育、教育、文化等社区服务的需求状况（可多选）。从图4-7可以看出，需求较为强烈的依次为体育健身设施、文化娱乐活动和社区教育。L社区由于地形、建筑选址设计等问题，辖区内开阔地带较少，社区文化硬件设施建设不足。在访谈中，很多居民表示对于社区文化娱乐活动和体育健身活动的需求很强烈，渴望L社区能够加强这方面硬件设施建设，

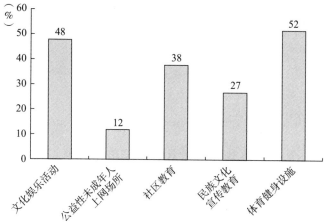

**图4-7　L社区被调查居民社区文化、教育、体育服务需求**

多开展丰富的文化娱乐活动，尤其是一些各族居民能够互动了解的文化娱乐活动。此外，由于 L 社区居民中大部分家庭收入偏低，还特别希望能够在社区中提供未成年人"绿色"上网的场所，满足社区中青少年发展的服务需求。

4. 社区法律、治安服务

图 4-8 显示了 L 社区被调查的各族居民对社区法律、治安等社区服务的需求状况（可多选）。从图 4-8 可以看出，L 社区居民对社区警务室、邻里关系调解、法律咨询及援助都有强烈的需求。在对社区各族居民进行的访谈中，很多居民谈到对法律基本不了解，遇到问题时要么依靠律师事务所，要么就选择忍气吞声，所以特别希望社区能够提供法律方面的服务。L 社区的治安状况不佳，所以居民希望能够成立功能较强的社区警务室维护社区内的治安。由于多民族社区居民文化、习俗的异质性，会存在邻里矛盾，所以 L 社区内各族居民对邻里关系调解的服务需求也很多。

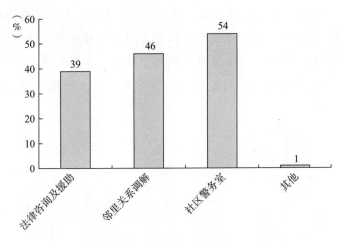

图 4-8  L 社区被调查居民社区法律、治安服务需求

5. 社区便民利民服务

社区内最好拥有由政府进行监管的便民利民服务网点，可以让社区居民"用得放心、吃得放心"。L 社区内，有将近一半的居民为少数民族居民，所以对民族用品供应方面的需求很强烈，如图 4-9

所示。

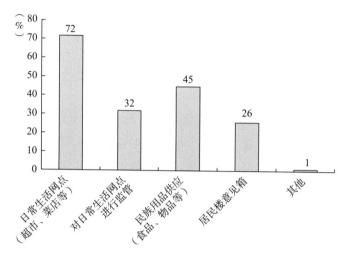

**图 4 - 9 L 社区被调查居民社区便民利民服务需求**

（二）合理性

社区中居民由于年龄、性别、民族、文化程度、宗教信仰、社会认知等各种因素的影响会有各自不同的需求，但是政府不是"万能"的，只有合理的需求才有可能得到满足。本研究设置了相关问题测量 L 社区居民对政府服务供给能力的认识。图 4 - 10 显示了调

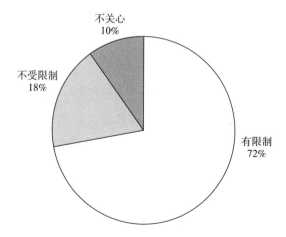

**图 4 - 10 L 社区被调查居民对政府社区服务供给能力的认识**

查结果，L社区被调查居民中有72%认为政府供给社区服务的能力有限；18%认为政府提供服务能力不受限制，对此，访谈中一些居民认为"只有政府不愿意做的，没有他们做不了的"；还有10%的居民对此并不关心。

（三）公共表达

连接居民服务需求与政府之间的一条重要通道就是公共表达，而实现公共表达的重要"桥梁"是社区居委会。本研究在测量L社区居民的公共表达状况时，是通过考察居民向社区居委会表达需求的意愿来实现的。图4-11显示了该维度的问卷测量结果，在L社区，有大约52%的被调查者表示有向社区居委会表达服务需求的意愿，有44%表示不愿意有此举动；还有4%的被调查者表示无所谓。

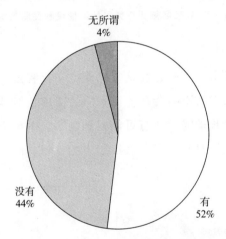

**图4-11 L社区被调查居民的服务需求表达意愿**

对于有意愿向社区居委会表达服务需求的52%的被调查者，本研究又进一步询问，其中有84%的被调查者选择直接向社区居委会表达，选择通过放置在社区中的意见箱来表达的被调查者占到了14%，另外，选择其他方式的被调查者占2%。对于不愿意向社区居委会表达服务需求的居民，本研究也做了进一步的访谈，发现其中居民可以分为：一些被访居民认为向社区居委会反映也得不到回应，所以不愿意表达，例如有居民谈道：

说了也没多大用。就是那种感觉，你去说吧，说了也那样，是不说也那样，那就那样放着吧。（20150922JM－M）

另一些被访居民认为社区居委会的能力很有限，自己反映了问题也得不到解决，所以放弃表达，例如有居民谈道：

咋说呢，就有时候吧，你给社区（居委会），它也解决不了，社区是这个最底层的了，能力肯定是有限的，对吧？（20150922JM－X）

还有一些被访居民担心表达之后会对自己带来不利，所以放弃表达，例如有居民谈道：

担心啊，万一反映了以后，（社区）居委会来找我的麻烦怎么办？所以还是别去说了。（20150922JM－W）

## 二　L社区中政府社区服务供给行动审视

政府给社区居民提供公共服务的行为即政府社区服务供给行动。本研究通过观察、访谈、资料分析等方法，对政府在L社区的服务供给行为进行研究。

### （一）服务覆盖面广但设施供给不足

依据《社区服务体系建设规划（2011—2015年）》及表4－4"城市多民族社区服务类别"，结合L社区相关的网站信息、文件资料和对L社区居委会工作人员的访谈来看。目前L社区中政府供给的社区服务如表4－5所示。可以看出，目前L社区中政府供给的社区服务覆盖的内容范围较为宽泛，在"社区文化、教育、体育服务""社区医疗卫生和计划生育服务""社区劳动就业、社会保险和社会

服务""社区法律、治安服务""社区便民利民服务"五个方面都有
服务供给行为。但同时社区内各种硬件设施的建设还很不完善，例
如，L社区并未设立卫生服务及幼儿教育等服务机构，缺乏文体活
动的场地与设施。

表4-5 L社区政府供给的社区服务内容与项目

| 类别 | 内容 | 具体项目举例 |
| --- | --- | --- |
| 1. 社区劳动就业、社会保险和社会服务 | 101. 劳动就业服务 | 网站发布的招聘公告、再就业培训、开辟新途径帮助社区妇女就业、劳务宣传、再就业宣传、街道开展技能培训、月嫂培训班、残疾人培训 |
| | 102. 社保宣传及办理 | |
| | 103. 少数民族居民就业及社保帮扶活动 | 联合公益组织、爱心企业帮扶少数民族居民再就业 |
| | 105. 养老服务 | 日间照料中心、夕阳餐桌乐、关爱空巢老人 |
| | 108. 其他 | 残疾人基本服务状况和需求调查、联合辖区单位慰问困难老党员 |
| 2. 社区医疗卫生和计划生育服务 | 201. 居民健康档案 | 脑瘫患儿登记 |
| | 202. 健康知识教育 | 食品安全知识宣传大讲堂、健康讲堂进社区、健康教育黑板报、癌症筛查 |
| | 203. 疾病管理及预防 | 儿童预防接种证 |
| | 204. 医疗保健 | 联合爱尔眼科义诊、爱耳日义诊、瑞京糖尿病医院义诊、叶酸免费发放 |
| | 205. 卫生监督协管 | |
| | 206. 计划生育服务 | 计生温馨服务明白卡、孕前检查、出生报户证明 |
| | 207. 实有人口动态信息采集服务 | 人口信息入户调查摸底、流动人口综治管理 |
| | 212. 其他 | 特别扶助 |
| 3. 社区文化、教育、体育服务 | 301. 文化娱乐活动 | 端午节活动、清明节活动、元宵送汤圆、春节送温暖慰问、送春联 |
| | 303. 社区教育 | 组织收看"联村联户、为民富民"动员大会、少数民族流动儿童城市融入与专业支持师范项目社区服务站、关心下一代实施方案、社区家长学校、社区矫正工作专岗设置、街道"道德模范在身边"宣传活动 |

续表

| 类别 | 内容 | 具体项目举例 |
|---|---|---|
| 3. 社区文化、教育、体育服务 | 306. 其他 | "办好百合节，关爱母亲河"、倡导文明祭祀、七里河区志愿服务工程 |
| 4. 社区法律、治安服务 | 401. 法律咨询及援助 | 七里河区法律咨询和服务活动、社区联合辖区单位开展"12·4"普法宣传活动、"六五"普法工作 |
| | 402. 邻里关系调解 | 巾帼调解队 |
| | 403. 社区警务室 | |
| | 404. 其他 | 禁毒、反邪教宣传、消防安全知识宣讲座、社区维稳、悬挂平安创建横幅、张贴平安创建宣传画、民警接待日 |
| 5. 社区便民利民服务 | 501. 日常生活网点（超市、菜店等） | 私人商铺 |
| | 502. 对日常生活网点进行监管 | 铺面卫生环境整治 |
| | 504. 居民楼意见箱 | 网页书记信箱、主任信箱 |
| | 505. 其他 | 社区邮政便民服务站、更换无烟煤 |

## （二）政府服务行动的合理性有待提升

政府社区服务行动的合理性实际上考察的是政府服务行动的边界问题。通过与L社区居委会工作人员的访谈，了解到L社区居委会更多是以政府"代言人"的身份出现在政府社区服务供给过程中。尽管按照《中华人民共和国城市居民委员会组织法》的相关规定，社区居委会不属于拥有和行使国家公共权力的政府机构，而是基层群众性自治组织。

在L社区，居民有公共服务需求时，基本上是由社区居委会来出面想办法解决。但是社区居委会的资金、权力都非常有限，当无法解决时，只能向政府部门上报，等待处理。在L社区的访谈中，了解到社区中的公厕成为一个长期没能解决的问题，不少居民多次向L社区居委会反映社区内的公厕破旧、脏乱，希望能够整修或重建。就这个问题，L社区居委会主任谈道：

就因为这个旱厕问题已经打了多少次报告了，你看看，到现在了还是这样。让我们自己弄肯定是弄不了，这得花钱呀，上面的钱又下不来。还有个问题，你想改造那还得有手续吧，这个旱厕用的是公房，公房是房管所管的，社区不能把人家的房子拆了修厕所吧。（20150922JW－L）

类似公厕这样的应有服务在 L 社区却没有得到供给的事例还有。社区服务应当是由社区中的中介组织、服务机构等来大量提供。政府更多应当是社区服务"规划者"、技术与资金"支持者"、社区中介服务机构"管理监督者"的身份，但是由于目前我国社区中活跃的社区服务机构非常有限，所以政府承担了社区服务的近乎全部工作，这必然降低了服务供给效率。作为社区自治组织的社区居委会，也未能实现自治组织的服务目的，更多是政府社区服务供给的"执行者"，自身权力、资金的有限，使得面对公共服务问题时，社区居委会只能等待政府部门批复或派责任人进社区解决。在社区服务供给方面，政府、社区居委会存在职责、权限不清的问题。

（三）政府提供的居民服务表达渠道单一

社区服务绩效的测量是对社区服务方面公共价值建构结果的测量，强调社区居民在社区公共服务供给过程中诉求的表达与话语权的实现。为了解政府在居民有关社区服务诉求这一公共表达方面的措施，本研究设计了两道题，分别为"政府有哪些提高 L 社区居民参与积极性的措施"和"政府是否进行社区居民服务需求调查"。

通过与 L 社区居委会工作人员的访谈发现：政府时常会需要 L 社区居委会给 L 社区居民发放各种内容的问卷进行调查，但是大多是"创建文明城市"等政府工作内容的调查，很少有针对社区服务需求的调查。问卷调查几乎是倡导社区居民参与的唯一途径。L 社区没有设置居民意见箱，在互联网时代，倒是建设了社区网站，并设置了"居民留言信箱"的栏目。但是通过对 L 社区各族居民的访谈，了解到大部分的居民对此并不知情，更谈不上使用。在网上，社区也设置了"居民留言信箱"，然而也形同虚设。

## 第三节　"PV – GPG"理论视角下 L 社区
## 服务供给绩效分析

从上一节 L 社区居民的服务需求审视与政府对 L 社区服务的供给行为审视，可以看出，二者之间并没有紧密地匹配在一起，政府的社区服务供给绩效较低，甚至服务供给与服务需求之间还存在断裂问题。本节将以"PV – GPG"理论中的"政府绩效社会价值建构机制"（表 4 – 3）为解释框架，探讨 L 社区服务供给中绩效不足的影响因素。

### 一　基于"选择机制"的分析

从 PV – GPG 理论中的三种互动机制来看，"对于基本公共价值的形成具有关键性的作用是选择机制"，"公民集体偏好的形成和表达是选择机制依赖的基础"，"对抽象的、繁多的基本社会价值在识别、判断的基础上，筛选出具体的、可管理的基本公共价值是选择机制的任务"[①]。从 L 社区居民有关社区服务的需求表达来看，公共表达不足；而政府对于 L 社区居民服务需求的识别又存在行动形式化的问题。

（一）居民需求表达不足

只有社区居民充分、有效地表达自身对社区服务的需求，政府才可能在通过准确获取这些信息的基础上，提供可以满足社区居民意愿的社区服务。然而本研究对 L 社区的田野调查发现，L 社区居民需求表达不足，使得社区中居民对社区服务真实的需求信息

---

① 包国宪，道格拉斯·摩根. 政府绩效管理学——以公共价值为基础的政府绩效治理理论与方法 [M]. 北京：高等教育出版社，2015：37.

与政府对信息的识别之间产生偏离，从而使得社区服务很难准确指向社区居民的真实需求，或朝此方向改进。如图 4 - 11 所示，L社区中仅有 52% 的被调查居民有向政府表达自身诉求的意愿，也就是说，L 社区居民参与社区事务的意愿不太强烈，这有碍于政府社区服务工作水平的提升。事实上，不仅 L 社区如此，目前很多研究表明我国社区居民参与社区公共事务的意愿并不强烈。那么制约居民参与意愿的影响因素又是什么呢？笔者认为可能主要有以下几方面。

第一，利益关系。社区居民的参与行动只会建立在社区事务与社区居民自身的切实利益紧密相关的基础之上。例如，在 L 社区居委会的安排下积极配合本研究的社区居民，大多数是 L 社区中享受低保的居民，其他被调查居民多表现出"不关心、不热心"的态度。L 社区居委会的工作人员就这种情况解释道，这在 L 社区已是常态，大部分的社区居民对于那些不直接关乎自己切实利益的事情都较为冷漠。L 社区的工作人员谈道：

> 现在的人啊，都太现实了，不是低保户都不参加的，觉得跟他们自己利益没关系。(20150922JW - W)

L 社区有相当一部分居民都只关注自身利益，将自身利益置于集体利益之上，这无疑成为社区服务有效开展的一道障碍。甚至一些居民会在个人利益驱使下做出损人利己的事情，这让社区服务工作更加难以开展。

第二，社区归属感。在一种心理状态的支配下，社区居民愿意将自己划入某一特定场域的人群或集体中，并且从思想上承认自己是这一人群或整体中的一员，这一心理状态即社区归属感①。可以

---

① 陈桂香，杨进军. 成都市社区参与的现状与制约因素分析 [J]. 西南民族大学学报（人文社会科学版），2004（9）：271.

说，社区居民对社区的依恋与认同程度的强弱，以及社区居民在社区中的权利与责任意识的强弱都与社区归属感的强弱密切相关，社区归属感越强，社区居民越会积极主动表达各种诉求、参与社区事务。但是从 L 社区的现实状况来看，居民的社区归属感较低，对社区服务的好坏往往表现出"事不关己"的态度，缺乏社区"共同体"的意识。

第三，表达渠道。表达渠道是影响居民需求公共表达的重要因素。在 L 社区内，缺少社区居民公共表达的硬件设施，如居民意见箱；社区居委会在网站上设置的"居民留言信箱"的栏目也形同虚设。L 社区中，除了社区居委会再无其他群众性自治组织，这些都进一步制约了 L 社区居民的需求表达。

（二）政府对居民需求的识别不足

目前我国的社区建设主要依赖于政府发动，社区治理活动也主要依赖于政府。为了调动居民参与社区治理的积极性，政府需要举行不同的活动，需要在各种形式的活动中识别居民的服务需求。

尽管政府部门也期望有效开展 L 社区的治理与社区服务工作，并且政府通过 L 社区居委会进行过诸多方面的调查，但仅从效果来看，这些调查数据并没有对实际的社区服务的提供带来多大的改进，原因有如下两点：首先，政府开展的一些调研工作，大多是围绕着自身的工作内容，例如在 L 社区曾经开展有关"平安社区建设"的居民调查，并不是以识别社区居民需要为主要目标；其次，政府开展的调查存在着"形式化""走过程"的问题。L 社区居委会的工作人员在访谈中说，目前，有很多基层的调研工作是为了应付上级政府的要求，存在"复制粘贴"的行为，即使调查得到的数据也不一定真实反映实际情况。上述两点，从根本上来说，与我国政府部门的管理职能与服务职能定位有关。目前很多地方的政府尤其是基层政府存在着管理职能大于服务职能的现象，这样的职能定位造成了政府部门更重视的是自身管理行为的效果，而对切实解决居民问题思索较少，甚至出现弄虚作假、搞形式主义、欺骗应付上级等选择性应付行为①。

## 二 基于"约束机制"的分析

"一些资源禀赋、运行能力和制度环境等构成的约束因素作用于从基本社会价值中筛选出基本公共价值,这些约束因素及其相互关系的总和就是约束机制","约束机制实质上是一种关于界限的问题",就约束机制而言,"在关注实物层面约束因素的同时,还要留意不同团体、阶层,甚至政治精英与公民之间认知水平和知识结构的差异"②。基于上述解释,本研究从"约束机制"的角度入手,主要从资源、制度、环境方面的约束与知识结构和文化水平差异两个维度着手分析。对于政府来说,同时面临上述两个维度的约束;而对于居民来说,主要是社区服务公共价值的筛选及形成,基于认知水平及知识构成的差异所带来的约束。

### (一) 居民知识构成与认知水平差异

阿尔蒙德和维巴提出,那些小学及以下教育水平背景的人可能会较少表达个人在其所在的地方共同体中的参与责任,而坚持参与的往往是那些受过较高层次教育的人③。科恩也曾提到,极度贫困的民众对参与公共事务而言,根本无法获得足够的信息以有效参与、讨论④。也就是说,西北民族地区的城市社区中,文化水平、经济收入状况将很大程度上影响社区居民对公共服务的需求表达和社区参与。

从图4-4来看,L社区被调查居民有24%为小学及以下文化程度,56%集中在初中或高中文化程度。本研究在访谈中也发现,L

① 杨爱平,余雁鸿.选择性应付:社区居委会行动逻辑的组织分析——以G市L社区为例 [J].社会学研究,2012 (4):105.
② 包国宪,道格拉斯·摩根.政府绩效管理学——以公共价值为基础的政府绩效治理理论与方法 [M].北京:高等教育出版社,2015:37.
③ 加布里埃尔·A.阿尔蒙德,西德尼·维巴.公民文化——五个国家的政治态度和民主制 [M].徐湘林等,译.北京:东方出版社,2008.
④ 科恩.论民主 [M].聂崇信,朱秀贤,译.北京:商务印书馆,1988:111.

社区有正式工作的居民较少，主要以失地农民及外出务工人员为主，家庭收入水平较低，通常每月1000—3000元（如图4-4）。可以说，L社区的大多数居民把更多的时间和精力放在了维持基本生活的水平上，较少能够腾出精力关注到社区服务中，参与社区服务的公共表达就更为有限。甚至一些居民存在严重依赖政府的思想，连家门口的垃圾都等政府出面解决，缺乏社区共同体的意识，没有把社区当作自己的"家"。知识构成及认知水平的差异，让居民未能有效配合、参与到社区服务工作中，这增加了社区服务工作的难度。

（二）政府面临的约束

首先，是环境、资源、制度方面的约束。第一，表现在财物资源方面。从对L社区的调查中了解到，目前政府主导的社区管理模式下，社区服务实际上没有足够的财政拨款投入，而非营利组织又在社区中发育不够成熟，企业组织在社区中想要谋取的是企业利润，却又因社区服务主导的无偿或低偿理念受到限制。再加上居民收入等因素的影响，社区服务的供给资金往往是捉襟见肘。第二，表现在人力资源不足上。政府将大量的社区服务供给任务最终下沉到了社区居委会，尽管并非行政机构，但是社区居委会扮演着"代理"政府服务的角色。在承担"代理人"角色时，社区居委会面临着严重的人力资源不足的问题。拿L社区来说，辖区有1500多户各族居民，却只有11名工作人员，其中只有2位是正式事业编制，显然不能满足该社区服务供给对人力资源的需求。此外，还表现在制度资源支持不足上。各级政府在社区服务飞速发展的背景下，制定了诸多相关的政策法规，然而配套的实施细则未公布。社区服务的各项工作在具体实施时缺乏操作方面的指导，这也使得社区服务工作具体执行的情况参差不齐。

其次，政府工作人员知识构成与认知水平差异。政府工作人员对政策和制度的理解会因其认知水平及知识构成的差异而存在偏差，进而影响到其对社区服务的认知。在实践过程中，政府相关工作人员更多是将自己作为一名行政管理人员来进行提供社区服务的相关工作，社区服务更多是被他们当作自己的行政工作任务。所以这种认知带来了社区服务供给的被动性，提供社区服务的相关工作人员往往不会去设身处地地思考社区居民的服务需求，以及如何更有效、更高质量、更贴近居民诉求地提供社区服务。

### 三 基于"领导机制"的分析

"领导机制是在特定范围内，发挥价值领导作用，从基本社会价值中筛选出与基本公共价值相应的一种领导能力"①。因此，公共价值中的"公共"在包括政府组织的同时，还应该包含公民、企业组织与非营利组织，是多种主体博弈、协商，达成共识的过程。因此，领导机制在本研究中所涉及的"领导主体"，在包括政府部门"领导"的同时，还指居民中的"领导"（即居民代表）。下面从这两方面进行分析。

（一）缺乏居民代表或意见领袖

城市社区中人口的居住结构特征比较复杂，倘若没有权威人士组织和协调居民的关系与利益并且向政府表达的情况下，大多数社区居民会更为关注个人利益，很难在居民心中形成全局观念。一盘散沙的社区居民关系非常不利于社区服务工作的开展，不仅降低了服务质量，还会增加服务成本。所以说社区中，尤其是异质性程度高的城市多民族社区，非常需要各族居民代表或"意见领袖"，"因为'民治'的领导者是社区的'内部人'，与社区居民存在日常生活层面的交往并容易了解和认识社区的利益"②。

然而，在对 L 社区的调研中发现，该社区中没有所谓的"意见领袖"或者社区各族居民心中的"居民代表人物"。居民普遍缺乏社区意识，对社区共同体的利益比较漠然，社区认同感和归属感不

① 包国宪，道格拉斯·摩根. 政府绩效管理学——以公共价值为基础的政府绩效治理理论与方法 [M]. 北京：高等教育出版社，2015：37.
② 蔡禾. 社区建设：目标选择与行动效绩 [J]. 广西民族学院学报（哲学社会科学版），2003（4）：40.

足。在这种情况下，很难形成"多元主体"参与的社区治理局面，社区中各族居民的利益基本没有群众代表来与社区居委会或者街道办事处进行沟通，也就使得该社区的社区服务供给变成了政府的"单边行动"。

（二）政府组织与社区居委会角色的错位与异化

按照《中华人民共和国城市居民委员会组织法》的相关规定，政府与社区居委会之间是一种指导与协助的关系。但是如同目前绝大多数一般城市社区一样，L社区服务供给的过程中，政府与L社区居委会为领导与被领导的关系。通过对L社区居委会工作人员的访谈了解到，社区居委会的大部分工作是由街道办或者上级政府安排的，社区居委会的工作人员日常的工作都是按照上级政府的指示开展的。L社区居委会就社区服务中存在的无法自行解决的问题，只能通过一次次向上级政府汇报、申请的方式等待政府批复或者由政府派出的工作人员来解决。这导致了L社区服务供给效率的低下，还造成了社区居委会存在服务异化的现象，既不利于理顺政府与社区居委会的关系，也不利于融洽社区居委会与居民之间的关系。

政府对于L社区的管理还缺乏协同理念。例如L社区存在治安状况方面的问题，辖区内偷盗现象屡见不鲜。"那些外部性较强的，诸如社区治安等方面的事务应该由政府介入，而不是各自为政"[1]。但是目前来看，L社区居民对于社区治安的需求并没有得到很好的满足。再有，实际工作中，由L社区居委会的"计生专干"负责对辖区内流动的育龄妇女进行管理，难度很大。L社区居委会只能了解辖区内的常住人口情况，这对全面、有效提升社区服务质量存在很大挑战。

---

① 夏建中.中国城市社区治理结构研究［M］.北京：中国人民大学出版社，2012：135.

# 第五章　田野调查案例三：城市多民族社区"老年餐桌"服务的改进

随着社会发展，中国已经进入了人口老龄化的加速阶段。养老不再是每个家庭的内部问题，而正演变为社会问题。在城市多民族社区，内部居民的多民族性，使得他们在宗教信仰、传统文化和生活习惯等方面差异颇大，多民族社区的养老服务工作较于一般社区来说也就更为复杂，而城市多民族社区养老服务的供给水平又会关系到多民族社区的稳定与发展。面对这一形势，宁夏回族自治区的首府银川市把少数民族居民的养老问题列为政府工作的重要内容，在城市多民族社区推出了"老年餐桌"服务项目。本章试图通过对该市"老年餐桌"养老服务项目的田野调查，展现城市多民族社区养老服务发展状况，为多民族社区在养老层面建立稳定的、关怀性的和谐社区提供案例参考。

## 第一节　研究的理论基础："战略三角形"理论

目前，我国较为常见的养老方式有三种：家庭养老、机构养老和社区居家养老。家庭养老是中国传统思想中形成的一种代际实现保障功能的养老模式。机构养老是政府主办养老机构，从国家角度解决养老问题和分散个人养老风险的一种手段。然而伴随着实践的推进，这两种养老模式的局限性日益凸显。计划生育政策导致传统的家庭养老功能日趋弱化，政府公共资源的稀缺、机构养老人文关怀的缺失，使得机构养老在规模和质量上都难以满足庞大老年人口的养老需求。在这种情形下，社区居家养老正在成为我国解决养老问题的重要途径。

所谓社区居家养老，是指以社区为平台，整合社区中的各种服务资源，为老年人提供各种相关服务。在这种模式中，老年人不需要脱离所生活的家庭、社区，它既摒弃了家庭养老和机构养老的弊端，又结合了二者的优点。社区居家养老被普遍认为是"比较符合国情的养老模式"，是"一种理性选择"①。那么在城市多民族社区，社区居家养老能否有效应对各民族居民的养老难题？社区居家养老服务的质量如何保证，未来还需要如何进一步改进？本章借助于"战略三角形"理论的分析框架，试图对上述问题做出回答。

### 一　"战略三角形"理论的引入

分析城市多民族社区养老服务项目的运行状况（抑或绩效），须首先确定分析工具。近年来，公共价值被视为一个新的公共行政学范式并引起广泛的讨论。在公共价值范式下，政府绩效的目标也发生了根本性改变，也就是说，政府的目标是提升更广泛的公共利益，实现公共价值，而不仅仅是在实施一个给定项目时的效率、效益或者回应性②。与传统公共行政和新公共管理相比，公共价值范式下的政府绩效更强调它是政府、公民与社会交互过程下公共价值实现的结果。哈佛大学肯尼迪政府学院的马克·穆尔（Mark Moore）教授从价值、能力与支持三个维度，为公共价值范式下的政府绩效评价提供了"战略三角形"的分析框架。

马克·穆尔（Mark Moore）教授认为，一切公共管理项目或公共政策最终都是为了给公民与社会提供具有价值的服务。因此在该理论中，首先要考虑的是公共项目或政策方案是否具有公共价值，并以公共利益作为公共项目或政策方案的最终诉求；其次是项目或

---

① 廖鸿冰，李斌. 我国社区居家养老模式的理性选择 [J]. 求索，2014（7）：19.

② Guoxian Bao, Xuejun Wang, GaryLarsen, and Douglas Morgan. Beyond New Public Governance：A Value-Based Global Framework for Performance Management, Governance and Leadership [J]. Administration and Society，2013，45（4）：443－467.

政策实施者是否具有对公共项目或公共政策实施提供相应的管理和服务的能力；最后是公共项目或公共政策需要得到项目或政策作用对象的支持，其效用和公共价值才能展现出来①。这样，每一个维度形成一个圈，上边的圈代表价值（value），左边的圈代表能力（capability），右边的圈代表支持（support），其中不同的区域代表在公共项目或公共政策实施过程中所出现的不同情况（见图 5-1）。

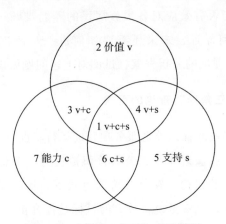

**图 5-1 "战略三角形"理论模型**

图 5-1 中，区域 2 代表个人判断具有价值战略但缺乏公众支持和运行能力的公共项目或公共政策，可以说这些公共项目或公共政策停留在"个人梦想"阶段，无法付诸实施；区域 5 代表受到公众广泛支持，但是缺乏公共价值和运行能力的公共项目或公共政策，这些公共项目或公共政策停留在"公众梦想"阶段，没有成为组织的行动；区域 7 代表仅仅具有组织执行能力，但是缺乏公共价值和公众支持的公共政策或公共项目；区域 3 代表符合公共价值也有能力去实现的公共项目或公共政策，但是得不到广泛支持，所以还处于模型展示阶段，不能马上执行；区域 4 代表有公共价值与公众支持的公共项目或公共政策，但是由于组织缺乏执行能力，所以执行

---

① 马克·H. 穆尔. 创造公共价值：政府战略管理 [M]. 伍满桂，译. 陈振明，校. 北京：商务印书馆，2016.

存在风险；区域 6 是所有区域中最糟糕的一种情况，代表的是既具备组织执行能力，也具有公众广泛支持的公共项目或公共政策，但是由于缺乏公共价值而造成极大的浪费。能够处于三个圆圈相互重叠的区域 1 的公共项目或公共政策被认为有价值、有能力，同时得到了相应的支持，是最理想情况。

"战略三角形"理论的重要性在于：第一，在分析与评价公共项目或公共政策的运行状况或者战略计划时，提供了一个由"价值"、"能力"与"支持"三维度构成的分析工具，并且阐释了三个维度之间的关系；第二，强调了"战略三角形"中公共价值的根本性，公共部门管理者必须关心公众的需求。这一论点使得该理论突破了传统公共行政理论的局限，区别于私人部门对价值的追求。正如马克·穆尔（Mark Moore）在《创造公共价值：政府战略管理》一书的序言中所述："战略三角形"理论就是要为公共事业的管理者提供一个找出问题症结的框架。基于上述分析，本章在分析所选择的案例——银川市社区"老年餐桌"居家养老服务项目的运行状况时，选择"战略三角形"理论作为切入视角。

**二　研究框架的构建**

为了便于测量，结合城市多民族社区养老服务项目的特征，本研究对"战略三角形"中的"价值"、"能力"和"支持"进行了概念操作化，以期更加明确地运用"战略三角形"理论对银川市多民族社区的"老年餐桌"服务项目做出分析。

第一，公共价值维度。尽管"公共价值"被视为一个新的公共行政学范式而引起广泛的讨论，但是目前对于"公共价值"一词学术界并未达成共识。从马克·穆尔教授对公共价值的奠基之作来看，公共价值就是公众对政府期望的集合。也就是说，一项公共项目或公共政策中，公共价值的达成取决于公民的意愿和判断，所以在考察银川市社区养老服务项目的"价值"维度时，本研究侧重于对公民价值需求的测量。第二，能力维度。"战略三角形"理论中，"能力"的含义是对于一个公共项目或公共政策来说,是否具有汲取资源和管理运作的能力来保障政策或项目的实施,所以资源汲取能力与管理运作能力是本研究测量"老年餐桌"项目"能力"维度的两个重要指标。第三,支持维度。"战略三角形"理论中的"支持"指的是公共项目或公共政策涉及的利益相关者的态度与意见。所以本研究选择公民的态度与意见作为测量项目"支持"维度的重要指标。此外,"老年餐桌"养老服务项目依靠社区居委会具体实施,社区居委会也是此项目涉及的利益相关者,它的"支持"也将影响到项目的运行绩效,所以本研究还考察了社区居委会的态度与意见。

本章的讨论属于定性研究,旨在从深层次上了解城市多民族社区养老服务(即"老年餐桌")项目的运行是否有效,如何促使项目提高运行活力进而促进城市多民族社区的稳定与发展。由于定性研究注重对研究对象(特别是他们的内在经验)获得比较深入细致的解释性理解,因此研究对象的数量一般比较小,不必要采取概率抽样的方式①。本研究在选择研究对象时主要采用了非概率抽样中的效标抽样,即事先设定标准与基本条件,然后选择符合条件的个案进行研究。"老年餐桌"项目的设计者与推动者、实施者、参与者,以及未参与的利益相关者都能够为项目运行的绩效评价提供关键信息,所以本研究在资料的收集环节采用了深度访谈的方法,通过对以上对象的访谈资料进行编码与分析来获取信息(见表5-1)。

表5-1 "老年餐桌"项目运行绩效测量的访谈设计

| 访谈对象 | 具体被访者 | 测量维度 |
| --- | --- | --- |
| 项目设计者与推动者 | 政府部门 | 能力 |
| 项目具体实施者 | 社区居委会 | 能力/支持 |
| 项目参与者 | 参加"老年餐桌"项目的老人 | 价值/支持 |

---

① 陈向明. 质的研究方法与社会科学研究 [M]. 北京:教育科学出版社,2000:103.

续表

| 访谈对象 | 具体被访者 | 测量维度 |
|---|---|---|
| 未参与项目的相关者 | 符合条件未参加的老人/不符合条件未参加的老人/老年人的子女 | 价值/支持 |

# 第二节　银川市社区"老年餐桌"
## 项目的运行基础

## 一　银川市"老年餐桌"项目产生的政策背景

按照国际标准，一个地区 60 岁以上的老人达到总人口的 10%，即可视为该地区进入了老龄化社会。截至 2015 年底，银川市 60 岁以上人口达到 26.6 万人，老龄化程度为 12.5%，预计 2020 年这一群体将达到 29 万人左右①。银川市已经进入了人口老龄化的快速发展阶段。而作为宁夏回族自治区的首府，银川市又是少数民族聚居地区，总人口中有近 25% 的人口为少数民族（其中绝大多数为回族）。也就是说，银川市在向市民提供养老服务时，除了要重视老龄人群的生活需求、养老需求，还需要考虑穆斯林习俗，提供穆斯林特色养老服务。为此，银川市把发展养老服务，尤其是穆斯林特色养老服务作为一项重要的民生工程，从资金、项目、服务等多方面给予关注与支持，努力打造"养老在银川"品牌，大力建设日间照料中心等养老机构②，鼓励社会力量从事城市养老服务业。

在养老服务的供给上，银川市以及宁夏回族自治区政府给予更多的是政策支持。2013 年 9 月，国务院出台《关于加快发展养老服

① 银川 60 岁以上老年人达 26.6 万 ［EB/OL］. ［2016 - 10 - 09］. http://www.yinchuan. gov.cn/xwzx/mrdt/201610/t20161009_186567.html.

② 2016 年，首家国家级穆斯林特色医养融合型养老示范社区项目——桃园民族颐养中心开始建设，作为银川市重点建设项目，已获得国家 9500 万元专项发展基金支持。

务业的若干意见》后，宁夏回族自治区政府各部门专门抽调人员组成联合调研小组，对全区养老服务业状况进行调查。2014 年，宁夏回族自治区政府结合本地调研情况，出台了《宁夏回族自治区人民政府关于加快发展养老服务业的实施意见》，进一步明确了投融资、税费减免、土地供应、民办养老机构一次性床位补助、水电气热和运营管理补助等方面的优惠政策，并将 40 项任务分解到相关部门，使养老工作进一步细化。宁夏回族自治区民政厅进而联合有关部门先后出台了《民办养老服务机构一次性床位补助资金管理办法》、《关于推进城镇养老服务设施建设工作的通知》、《关于加强全区农村幸福院建设与管理工作的通知》和《民办养老服务机构管理办法》等配套文件，旨在加快养老服务体系建设的步伐。在自治区政府的推动下，2015 年 1 月，银川市政府出台了《银川市加快推进养老服务业发展实施意见》。银川市的"老年餐桌"养老服务项目在此背景下应运而生。

## 二 银川市"老年餐桌"项目的运行机制

"老年餐桌"主要是在社区中为老年人提供餐食供应的养老服务项目。银川市政府在该项目上除了给予社区资金（每个社区每年 10 万元用于支付项目所需的人工、材料成本）、政策的支持之外，对"老年餐桌"项目的具体运行，也下放给社区较多的自主权。对此，所调研的 H 社区的居委会主任在访谈中谈道：

> （"老年餐桌"）作为一个新项目，该怎么运行，上面（政府）没有规定，银川市的各个社区实际上还在摸索过程中，我们自己在我们社区摸出了一套管理办法。（20141215JW－Z）

以 H 社区（银川市养老服务试点）为例，"老年餐桌"项目的运行机制包括以下几方面。第一，社区老人参与"老年餐桌"项目要满足一定条件。具体来说，老年人首先要向社区居委会提交个人体检报告，社区工作人员须确保用餐的老人没有传染疾病。对于符合要求的老人，社区居委会要与老人本人及其子女共同签订用餐协议，缺少一方签署，协议都是无效的。第二，"老年餐桌"项目执行一定的收费标准。H 社区的"老年餐桌"午餐服务（目前只供应午餐）基本是两菜一汤的标准，平均每人每顿午餐收费 5 元。社区相关工作人员会提前一天定好第二天午餐的菜单并告知参加"老年餐桌"服务项目的老人。确定需要用餐的老人前一天在社区居委会进行登记，并刷卡支付第二天的餐费。这样便于工作人员确定第二天的饭菜数量，避免浪费。第三，社区居委会也对自身进行了严格规定，所有居委会工作人员均不许在"老年餐桌"用餐，更不许带饭回家，以防对社区工作产生负面影响。

## 第三节　案例考量："老年餐桌"项目的运行状况分析

基于马克·穆尔教授提出的"战略三角形"理论，本研究从"价值"、"能力"和"支持"三个维度对银川市社区的"老年餐桌"养老服务项目进行了考量。

### 一　基于"价值"维度的考量

根据研究框架，从"价值"维度出发，本研究对居民需求的测量，主要是访谈了银川市社区中享受"老年餐桌"项目服务以及未享受该项目服务的老人。

享受"老年餐桌"项目服务的 H 社区老人：

（老年餐桌）这个我觉得确实挺好。我的两个孩子都不在身边，在外地工作，还挺远的，平时就我和老伴两个人，老伴身体也不太好。以前我们两个都是职工，中午也不在家吃饭。一退休了，有时候中午吃饭就觉得麻烦，而且老伴身体不好嘛，有时候照顾她也就顾不上做饭了，随便凑合一顿就算了，吃饭真成问题。现在这不居委会弄了这么个"老年餐桌"，我和我老伴从一开始就报名了。我们都有退休金，饭也不算贵，饭菜也还可口，我现在就是自己在这边吃，然后吃完给老伴把饭打回去。这个确实是给群众办了实事了。（20141215JM－W）

未达到报名要求的 J 社区老人：

　　老年餐桌我一直挺想去的，现在就是年龄还没够，后年就能报名了。现在退休在家，时间一下多了，我们家那个（丈夫）现在没事就出去和朋友下棋、钓鱼之类的，儿子中午也不回来，白天我经常一个人在家，也就懒得做饭。就想着以后能去那（社区）中午吃顿饭，也省的自己做，最主要吃完了下午还可以在那边聊聊天啊、打打牌啊。不能光伺候他们俩，我也得丰富一下我的退休生活，你说是吧。（20141217JM－Z）

未享受"老年餐桌"项目服务的 Y 社区回族老人：

　　我没有参加那个（老年餐桌），那又不是清真的，俺们回民么，也吃不了。我原来是农民，家里种地的么，又没钱。现在拆迁了，搬到这边，没地了，俺们出去也干不动了，家里娃娃们也没工作。就靠着社区给的那点钱（低保）活着呢，哪有钱还去外头吃呢。要是政府给搞成个清真的，还能便宜点，不要钱最好了么，俺们就去，现在去不了。（20141216JM－M）

通过访谈发现，"老年餐桌"项目满足了一部分老人的价值诉求，但也存在诉求尚未得到满足的群体。参加了"老年餐桌"项目的老人，肯定了这一养老服务形式。参加的老人大多数是空巢老人、独居老人、行动不便的老人，买菜做饭是他们生活中的一大难题，而生活场域内的商业餐厅饭菜价格高出了老人们的消费承受能力。"老年餐桌"项目的推出，让他们在社区内就可以享受到实惠可口的饭菜，解决了生活中的用餐之忧。一些尚未达到报名要求（未满60岁的报名条件）的社区老人也有迫切参与的愿望。而且老人们认为，"老年餐桌"不仅解决了老年人的午餐问题，还提供了交流的平台，可以在社区用完餐后进行其他娱乐活动。由此可见该项目的公共价值潜力。

但是在对社区内少数民族老人进行访谈时发现，有些少数民族老人符合报名条件，却没有参加"老年餐桌"项目，整个"老年餐桌"项目中较少见到少数民族老人来用餐。原因是，尽管社区居委会认为"老年餐桌"提供的是清真餐饮，但在信仰伊斯兰教的居民看来并不是严格的清真，也就很少有回族老人参与。"老年餐桌"项目未能很好满足少数民族老人这一群体的诉求。在访谈中我们还发现，一些符合报名条件但是收入水平较低的老人对于项目参与的热情不高，尽管"老年餐桌"的消费水平较低，可是这一群体对于自己要有一定的用餐消费还是有些难以接受。

公共价值范式区别于以往公共行政范式之处，就在于这种范式提出要将政府认为重要的公共服务的供给与居民实际需要的公共服务对接起来。传统的公共行政范式中，政府是绩效的唯一生产者，也就是说政府自身决定了是否产生绩效。这种模式引发的问题是政府单方面认为绩效水平在提高，但是公民对政府的满意度未必提高。公共价值范式就是要改变这一现象。从对老年人的访谈来看，"老年餐桌"项目在一定程度上实现了政府养老服务供给与居民实际养老服务需求的对接。但是在民族地区、欠发达地区，运行这一项目必须考虑到少数民族老人和低收入群体的特殊价值取向。公共价值的实现本身就是一个社会建构与价值建构的过程，必须与具体的政治、社会和文化环境相关联。在当地这些特殊的价值取向还需要进一步彰显。平衡与协调不同群体的价值诉求，是当地政府提升"老年餐桌"项目公共价值所面临的挑战。

## 二 基于"能力"维度的考量

根据研究框架，从"能力"维度出发，本研究通过对民政部门与社区居委会工作人员的访谈，了解了银川市"老年餐桌"项目汲取资源和管理运作的能力。

民政厅工作人员：

"老年餐桌"项目实施时间比较早，从 2009 年开始，到目前为止发展得也比较成熟，对于其他养老项目有带动作用。自治区对于这个项目非常重视。根据我们的了解，项目的运行情况还是很不错的，下一阶段准备总结一下几个做得比较好的社区的成功经验，在自治区全面推广。经费方面，你也知道这边肯定比不上东部，但是每年中央拨款，有 5 个亿我们都投在了养老上。对"老年餐桌"项目的扶持力度也比较大，一个社区这个项目一年投 10 万，区上很少有养老项目能有这么大的扶持力度。现在社区反映拨款开始有点不够用，但我们也有自己的考虑，资金就这么多，全区那么多项目在进行，也不能把钱全划到这一个项目上，所以下一步把"老年餐桌"推向市场应该是个不错的选择。(20141218MZ-L)

社区居委会主任：

"老年餐桌"项目从民政那边下发文件开始，我就一直在参与。包括选餐厅的场地，买餐具，招聘厨师，都是我们社区自己弄。政府在这方面还是给提供了很多的方便。项目一开始谁心里都没底，那边（民政）也没个统一的模式和标准，就只能慢慢摸索了。为了老年人吃得好，肉和油都在超市里买，蔬菜去早市买新鲜的，社区工作人员轮流骑着三轮车去买菜、买肉。还在餐厅和娱乐室都装了摄像头，就怕老年人出危险，这就花了一大笔钱。现在物价这么贵，十万很快就用光了，还得社区自己补贴，有时候还得去周围企业、个体户、单位那里"化缘"。而且政府只提供了两个公益岗，其他的活我们要自己干，本来社区工作就多，工作人员都是牺牲午休时间在帮忙，所以现在老年餐桌我们也没能力扩大，人手实在不够。（20141215JW－Z）

　　从访谈来看，银川市"老年餐桌"项目汲取资源的能力还非常有限。项目在资金汲取方面，运行的成本主要依靠政府，政府对承担"老年餐桌"养老服务项目的社区每年拨款为 10 万元。尽管这在同类养老服务项目中属于财力支持力度较大的，但是从项目的发展来说，要置办器具、食材，支付工作人员薪酬，等等，社区仍感到捉襟见肘。一些资源丰富的社区有可能得到社区企事业单位及其他组织的部分支援，可这不是稳定的资金来源。在人力资源汲取方面，每个社区的两个公益性岗位工资为政府拨付的每月 1300 元，因为工资较低往往公益性岗位工作人员流动很大。为了节约成本，"老年餐桌"的其他工作大都是由社区工作人员兼职，包括食材采购、组织用餐和饭后打扫等。采购工作由社区工作人员轮流承担，这些兼职工作没有补贴，都是给社区工作人员划定的工作职责。一些社区对参与的工作人员唯一能提供的福利就是可以获得半天休假。

　　从项目的管理运作能力来说，政府在项目中将权力完全下放到社区，项目具体的运行与管理完全由社区根据其自身特点自行决定，没有统一的模式。也正因为如此，"老年餐桌"项目对于社区本身资质、社区工作人员的能力都有较高要求，项目的运作管理经常依赖于社区居委会主任个人的经验与能力。所以调研中我们观察到，不同社区的"老年餐桌"项目运行的绩效表现出很大差异。有媒体也对此进行了报道，在对银川市的 16 家"老年餐桌"进行调查时发现，有 5 家运行状况良好；8 家勉强维持经营，每餐有七八人；还有

3 家"老年餐桌"每餐只有两三人,基本处于停滞状态①。

在"战略三角形"的解释框架下,对于组织"能力"的考量,应当是以公共价值为约束,组织的效率越高,绩效越好。组织的高效率包括对各种资源的合理分配和科学的管理过程。"老年餐桌"项目的运行,首先存在一个整体资源和局部资源应当如何配置的问题。从整体来说,目前银川市政府在所有的社区养老服务项目中,对于"老年餐桌"项目的支持力度非常大,但是就全局来看,老年人急需的服务究竟是助医还是助餐,甚至是其他(例如助洁、助娱),社区居家养老可支配的资源中应当为"老年餐桌"项目配置多少财力,这是一个需要思考的问题。从局部来说,尽管在同一座城市,每个社区的人口特点有所不同,社区内老人对"老年餐桌"项目服务的数量与质量需求不同,如何在有限的财力支持下向社区合理切分"蛋糕",究竟是该全面铺开,还是应当集中财力向有迫切需求的社区扩大投入规模,也需要进行科学论证。从管理过程来说,在社区居委会工作人员专业化程度低的情况下,"老年餐桌"项目的运行将创新性的重任完全交与社区,由社区具体执行项目,显然科学性欠佳,所以才会出现媒体所报道的现象。

### 三 基于"支持"维度的考量

根据研究框架,从"支持"维度出发,本研究首先对"老年餐桌"项目的具体实施者——社区居委会工作人员进行了访谈。通过访谈得到的信息是,一些社区居委会表示运营有压力。"老年餐桌"养老服务项目采取的是社区自办、依托企业的方式。尽管运营有统一的补贴标准,但是因为社区属地企业的差异、享有资源的差异,所能提供的服务水平基本依赖于社区。项目运行成本的计算、运行方式的设计、服务质量的提升,都需要社区居委会自己来摸索。社

---

① 申雷. 银川 16 家老饭桌 5 家运行良好,老饭桌也有冬天 [N]. 银川晚报,2015 - 02 - 10.

区居委会人力有限，承担着大量市、区级政府以及街道办事处下派的行政事务。"老年餐桌"项目虽然承载着政府解决养老问题的良好愿景，但是让社区居委会工作人员感到力不从心。

高绩效的项目除了需要获取项目直接利益相关者的支持，还需要获取其他间接利益相关者的支持。在分析"价值"维度时，可以看出大多数社区老人对于项目的支持。由于项目涉及的相关者还包括老人的子女，所以本研究还对社区老人的子女进行了访谈。

R 社区享受"老年餐桌"服务老人的子女：

我们家是从山东那边过来的，我爸去世得早，我妈现在就一个人在家，这边也没有亲戚之类的，再加上我妈年龄确实也比较大了，一个人在家我们很不放心。所以"老年餐桌"一建起来，我就给我妈报名了。以前我中午还得从单位赶回来一趟看看我妈。现在她中午在"老年餐桌"上吃，我也不用每天中午往家跑了。下午我妈还能在社区打打牌，她生活方便了，我压力也就小了不少。我觉得这项目挺好的，很支持。（20141219JM－L）

X 社区未享受"老年餐桌"服务老人的子女：

我们两口子都是职工，单位离得也比较远，基本上白天不在家，孩子又在上小学，实在顾不过来，所以把父母接过来帮忙照顾孩子，接孩子上下学，给孩子做做饭，监督写写作业啥的。"老年餐桌"项目我也知道，在我们社区这个项目挺有名的，但是那边开饭时间早，再加上老人要接孩子，给孩子做饭，所以没参加的必要。估计等孩子再大一点，不需要这么操心了，可能会让父母过去，毕竟觉得这个项目做得还是挺有意义的。（20141219JM－W）

公共项目或公共政策的执行，必须要有利益相关者的支持。银川市"老年餐桌"项目直接的实施者是社区居委会。我国城市基层管理体制的变革，使社区居委会处于尴尬的境地。从社区概念的始源性和法律赋予居委会的意义来说，社区居委会应当是致力于服务居民的自治组织。但现实是社区的成熟程度有限、管理体制尚未完全转型，使得社区居委会在我国的城市基层管理体制中属于城市管理的"末梢"，承担着大量的基层管理任务。如果"老年餐桌"项目也像一项行政工作一样分摊给社区居委会，没有其他社会组织的参与，那么这一本来带有良好初衷的服务项目，只会成为精力有限的社区居委会的又一负担。另外，项目不仅需要得到直接受益者老年人的支持，还需要得到包括老年人子女在内更广泛范围的社会支持。"合作，就是与愿景有利害关系的人，所有参加项目的人，甚至所有与结果有关的人，都要参与进来"①。

---

① 曹俊德．"三圈理论"的核心思想及决策方法论意义［J］. 国家行政学院学报，2010（1）：41.

# 第六章　以社区稳定与发展促区域
稳定与发展的策略组合

基于第二章的问卷调查、第三至五章的案例分析，本章针对西北民族地区社区治理的特征与存在问题，提出促进西北民族地区城市稳定与发展的社区治理策略组合。

## 第一节　以社区稳定与发展促区域
稳定与发展的策略设计

### 一　以社区稳定与发展促区域稳定与发展的可行性

无论是从"社区到社会"还是从"社会到社区"①，社区与社会的关系一直以来都是学者们的研究热点。这是由于我国当下处于发展的重要战略机遇期和社会矛盾的凸显期，社会的稳定与发展任务艰巨而繁重，而"社区"这一微观视角刚好为完成这一重要历史任务打开了一扇窗。作为社会结构的微观组成单元，社区及其事务的操作与处理在很大程度上影响着社会事务的整体运行。具体来看，社区作为公民表达意愿、提高人们的归属感与社会的凝聚力、改善社会态度、稳定公众情绪的基本场域，在消解群体性事件，维护居民生活环境稳定，并为社会发展营造和谐有序的氛围等方面，有着不可替代的作用。而社会整体的稳定与发展正由这样一个个单一社区的稳定与发展拼接而成，因此，社区的稳定与发展对于促进区域

---

① 夏学銮. 中国社区建设的理论架构探讨 [J]. 北京大学学报，2002（1）：127.

社会的稳定与发展有着至关重要的作用。

鉴于西北民族地区自身的民族性与区域性特征，西北民族地区城市的稳定与发展较其他地区面临着更多的挑战，因此，作为城市社会稳定与发展微观单元的城市社区在西北民族地区显得更加重要。西北民族地区城市社区除了在社区人居环境、社区文化以及社区人文生态①②等方面发挥作用外，更多承载着民族关系的调节、文化习俗差异的调解等方面的功能，而这些方面，正是西北民族地区城市稳定所要关注的关键性因素。如果能够在社区层面预见因不同民族差异等带来的社会不稳定征兆，并通过科学有效的手段及时加以处置，对于避免城市爆发大规模冲突，给广大市民带来人身、财产损害等方面将产生积极意义。因此，在西北民族地区，促进城市社区的稳定与发展为促进整个城市、社会的稳定与发展提供了现实路径。

## 二 现阶段西北民族地区城市社区治理的特征

根据本研究对于新疆维吾尔自治区吐鲁番市、甘肃省甘南藏族自治州合作市和临夏回族自治州临夏市、宁夏回族自治区银川市所调研社区的问卷分析，以及对甘肃省兰州市、宁夏回族自治区银川市所选社区的案例分析，可以看出西北民族地区城市社区的治理具有下述特征。

第一，从社区治理的主体来说，社区居委会仍然是社区管理的主体，并且工作初见成效；社区居民对社区治理的认识存在误区，有参与意识，欠参与行动。通过对银川市 Y 社区权力秩序重构以及兰州市 L 社区服务供给的案例挖掘，可以看出，目前在西北民族地区城市社区中，主要的、直接的治理主体仍然是社区居委会。尽管

---

① 何海兵. 我国城市基层社会管理体制的变迁：从单位制、街居制到社区制 [J]. 管理世界，2003（6）：52 - 62.

② 蓝志勇，李东泉. 社区发展是社会管理创新与和谐城市建设的重要基础 [J]. 中国行政管理，2011（10）：71 - 74.

随着公民民主意识的增强，一方面在西北民族地区的城市社区中介入了新型组织的管理（例如 Y 社区案例中的社区社团、民办非企业组织——慰老公司等），但是这些组织受到自身发育程度和居民接受程度的限制，还未在社区中承担治理重任；另一方面，西北民族地区城市中的社区居委会成立的基础是计划经济时代"街居体制"中的居委会，或者"村改居"之前的村委会，社区居民对原有的组织具有信任、依赖情感，这也使社区居委会担当了社区治理重任。社区居民作为社区治理的主体，是建设社区的主要动力。通过社区居民共同参与社区活动，有利于社区问题的解决，公共政策的更好实施以及社区认同感的增强，有助于构建和谐社区，推动社会的稳定发展。从社区居民的角度来说，无论是本研究进行的问卷调查，还是案例研究，都体现出西北民族地区城市社区的居民具有较为强烈的参与意识，愿意参与到社区的选举活动和召开的决策性会议中，愿意主动发起邻里解决社区问题，但是这些参与意识与居民的实际参与行动并未保持一致性，社区各族居民在社区治理过程中的参与率还比较低。

第二，从社区治理的内容来说，社区治理仍然以完成行政任务为主，社区服务中的公共价值凸显不足。在调研中发现，实际工作中，社区居委会更多的是作为街道办事处行政事务下沉的接纳机构，承担着繁重的行政工作（例如对兰州市 L 社区的案例挖掘所述）。尽管宁夏回族自治区开始推行了行政审批制度改革，实施"社区行政工作准入清单"等，但是目前的过渡阶段中社区居委会的行政工作仍然繁重。大量的行政工作，也带来了居民对社区居委会片面、错误的认知。社区中的各族居民很多将社区居委会与政府的关系理解为被领导与领导的关系，甚至认为社区居委会是政府的派出机构。这种片面、错误的认知，不利于社区居委会作为群众性自治组织在社区各族居民中开展工作。并且，社区居委会工作脱离了人民群众的实际需求，使其在执行大量行政事务后，无暇满足居民需求和供给贴近居民生活的社区公共服务、特色活动，难以在社区服务供给、社区治理的过程中彰显公共价值。

第三，从社区治理的基础来说，社区内具有较好的民族关系基础、社区归属感基础，意味着存在待开发的社会资本储备。社区的基本要素是以情感为黏合剂的关系网络，成员间共同的价值观念、规范以及身份认同等[①]。尽管通常认为，在文化、心理、信仰等多个层面存在较大差异的人群居住在同一地域空间中，发生摩擦、冲突的概率要远远高于同质人群。但是从新疆、甘肃、宁夏三省份所调研的多民族社区来看，问卷过程中大部分被调查居民认为社区内民族关系较为和谐、居民彼此相互尊重地生活在共同的场域中，并且大部分被调查居民还表现出对所生活社区喜爱、依恋、愿意投入的情感。由于社会资本的主要内容是信任、规范和社会网络，由此判断西北民族地区城市社区存在着社会资本的潜在储存量。开发这些潜在的社会资本储存量，将增进社区各族居民对社区的进一步认同，促进居民积极维护社区利益、解决社会问题、参与社区活动，实现社区各族居民个人发展与社区发展的双赢。

第四，从社区治理的过程来说，识别社区各族居民差异性的风险认知有助于维护区域的稳定与发展。作为城市的微观构成单元，社区也是各类不稳定因素爆发的承载体，是预防各种社会风险的前沿阵地。尤其是在西北民族地区城市社区中，识别社区中的风险所在，准确、快速、全面地上报风险动态信息，是当前社区治理过程中亟待解决的问题。"预警是现代社会国家管理的一种操作性体制，更是转型社会实现社会稳定、防范社会冲突、化解社会矛盾的必备手段，它的主要功能与效用是通过社会问题、安全隐患的识别与即时应对的一整套防治策略，达到化解矛盾、稳定社会的目的。"[②] 从新疆、甘肃、宁夏所进行问卷调查的社区来看，各个区域内社区居

---

① Etzioni A. Ceating Good Communities and Good Societies [J], Contemporary Sociology, No. 29, 2000: 188 - 195.

② 吕昭河. 发展失衡、预警与超越预警——边疆民族地区发展失衡的思考 [J]. 西南民族大学学报 (人文社会科学版), 2011 (4): 20.

民的风险认知存在不同，一些风险认知已经警示了未来社区治理、城市治理需要关注的地方；从甘肃、宁夏所进行案例研究的主题来看，尽管社区治理结构变迁、社区服务供给、社区养老保障体系建设等在现阶段不构成社会风险，但是当社区各族居民的需求不能被充分满足时，社区治理工作与居民生活价值追求不能契合在统一框架内进行时，就有可能给社区、给地方社会带来不稳定因素。所以各个地方社区还需及时研判差异性较大的社区与潜在的社会风险。

### 三　西北民族地区城市社区治理提升的策略设计

上述西北民族地区城市社区治理的特征归纳，为提升该地区城市社区治理奠定了基础、找到了突破口。本研究结合以上分析，从社区治理的主体、内容、基础、过程角度进行了"促进西北民族地区城市稳定与发展的社区治理策略"设计，即"以社区居委会为主导丰富社区治理主体、以社区服务为重点优化社区治理内容、以社会资本为切入点夯实社区治理基础、社区治理过程中关注影响稳定与发展的警兆与警源"的策略组合，如图6-1所示，下一节将对具体策略展开分析。

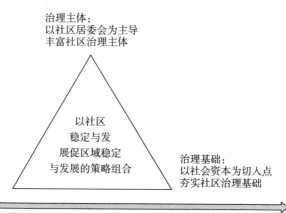

**图6-1　促进西北民族地区城市稳定与发展的社区治理策略组合**

## 第二节　西北民族地区城市社区治理
## 提升的具体策略

### 一　以社区居委会为主导丰富社区治理主体

（一）发挥社区居委会的主导作用

由于自然地理环境、历史文化传统、国家的战略部署等多方面因素影响，西北民族地区的经济、政治发展起步较晚，城市社区的治理尚处于探索与发展的初步阶段。同时，受到"官本位"文化的影响，对传统管理体制较为依赖，其他组织虽然进入社区但发育还不成熟，发挥的作用有限。

在西北民族地区，城市社区获取资源（人力、物力、财力等）的方式较为单一，大多以政府扶持为主，因而在资源有限的情况下，社区居委会以其组织结构完整、工作人员相对专业化等优势成为整合社区资源的权力主体。对社区居民而言，居委会是直接面对他们的组织，与其联系最为紧密，也就逐渐形成了"有事找居委会"的路径依赖行为。社区居委会作为桥梁的角色，也使得其他新型组织在进入社区初期，需要居委会协调其与居民、其他组织的关系，以便更好地开展活动。社区居委会在社区治理过程中的各方面均有涉及，是社区治理中最活跃的组织，社区的发展需要居委会发挥主导地位的作用。

（二）适度培育社区内其他组织

社区治理的最终目标是"善治"，实现多元主体共同参与治理社区内的公共事务。现阶段，在西北民族地区，城市社区的治理以社区居委会为主导，在今后的发展中，还需适度培育其他组织（如物业管理公司、业主委员会、慈善组织、社区社团、志愿团体、民办非企业组织等），通过各组织的协商、合作，更科学合理地进行社区治理，服务社区居民。从社区汲取资源的能力上看，不同权力主体的参与能有效改善社区资源汲取方式单一的状态，多元供给资源更能满足社区的多样化发展。非营利组织因其提供具体直接和富有人文关怀的公共服务，得到了社区内各族居民的高度认可。

此外，宗教作为一种特殊的文化现象，是信仰宗教的少数民族居民的精神寄托。在西北民族地区城市社区中，有部分居民有宗教信仰，他们对信仰的宗教怀有敬畏而虔诚的态度，宗教组织有时能帮助社区中的少数民族居民融入社区生活，帮助不同民族居民建立相互尊重的社区生活习惯和行为准则，在维护城市多民族社区民族关系和谐、维持社会稳定方面，起到一定作用。所以西北民族地区城市社区的治理过程中，还要重视宗教组织的正向辅助治理功能。

（三）提高社区居民参与程度

社区居民是社区治理的重要主体之一，社区居民的参与意识、参与行为以及参与有效性在一定程度上影响着社区的治理。通过调研发现，西北民族地区城市社区的居民社区参与意识很强，愿意参与到社区的各项公共事务活动中，但参与程度较低。扩大居民有效参与社区事务的治理，有利于政策的推行和提升居民满意度，促进社区的稳定和谐。

提升西北民族地区城市社区内各民族居民的参与程度，需要多种途径共同作用的合力的保障。首先从参与条件来看，需要拓宽居民参与渠道。例如，通过居民代表会议、民情议事会、听证会等多种形式，使居民意识到自己拥有的权利和责任，在行使参与权时更慎重；以及利用社区内组织举行的各类文娱、志愿性、环境整治等活动，在宣传通知社区内活动时，应采取传统方式与新媒体方式相结合的形式，如张贴告示、发放传单与微博、微信通知等宣传方式，让不同年龄阶段的居民都能迅速、便捷地了解到社区内何时何地开展何种活动，扩大活动的影响力和参与度。其次从参与内容来看，需要丰富社区活动形式。激发居民参与的积极性和提高居民参与度的有效方式之一是创新社区活动组织形式，丰富活动内容，赋予社区活动活力，以增强居民参与的兴趣。城市多民族社区需要丰富多样、具有民族特色的社区文化活动来满足不同民族居民的参与需求。

## 二 以社区服务为重点优化社区治理内容

社区治理应遵循其内在发展规律，即社区治理的最终目的是服务民生，应该在社区治理的各方面体现公共价值。社区服务是社区建设的龙头，服务民生的社区治理目标的努力更多体现在社区服务的高绩效供给方面。

### （一）建立以政府为主导的社区服务多元供给模式

西北民族地区城市社区的发展长期依赖着政府为主导的单一主体的社区服务供给，因而在供给的内容和数量、质量等方面都无法满足居民庞大而多样化的需求。城市多民族社区在社区服务供给中要考虑各族居民的不同需求，需要不断完善和建立多元化的社区公共服务体系。西北地区经济发展相对落后，社会经济活力不足，发展所需的资源等还主要依靠中央政府的财政支持和政策倾斜。在现阶段乃至未来很长时间内，政府在社区服务供给中的主导地位不会改变。然而，满足社区内居民多元和高质量的社区服务需要，仅依靠政府单一的供给模式是无法实现的。社区服务的提供应是多元主体共同完成的，在一定供给范围内需要市场营利组织如企业的有偿提供和社会非营利组织如慈善组织、志愿组织等无偿捐赠和志愿服务等方式提供。构建多元社区服务供给体系是社区发展的现实需求，需要政府出台适应的政策鼓励和支持各供给组织进入西北民族地区城市社区，提供多元化的社区服务。

### （二）丰富带有民族特色的社区服务内容

社区服务的内容普遍性地包括面向弱势群体的社会福利服务、面向社区居民的便民利民服务和面向社区单位的社会化服务等①。西北民族地区城市社区在不同民族文化、宗教等因素的影响下，需要

---

① 汪大海，魏娜，郇建立. 社区管理（第二版）［M］. 北京：中国人民大学出版社，2010（3）：89-96.

在异质性程度高的居民之间开展多元化的服务，以此满足不同民族居民不同层次的需求，在满足居民物质需求的同时也要顾及更高层次的精神文化的需求。如为社区内弱势群体提供服务，兴办各种福利服务设施，建立老年人活动中心、"老年人饭桌"项目，等等，建立残疾人活动中心或残疾人文化活动室，对社区内低保户及生活困难的居民开展形式多样的救贫济困活动，办托儿所或"小饭桌"对儿童进行看护和教育，等等。在便民利民服务方面，建设公共基础设施，例如，建社区内的便民服务站，开设社区果蔬直销超市、社区便利店、美容美发店、社区医疗卫生站等与居民生活紧密相关的便利服务。西北民族地区城市社区的社区服务要尊重少数民族的宗教信仰和民族生活习惯。建立社区宗教管理服务体系，让宗教组织的运行在法律允许范围内，保障信仰宗教的少数民族居民合法的宗教活动。开展多元的、有民族特色的文化活动，鼓励各族居民的参加，在交流互动中促进文化进步、弘扬民族文化，了解不同民族的风俗习惯，从而促进相互尊重和信任包容。

（三）重视社区养老服务

我国人口老龄化程度在不断加剧，传统的家庭养老和社会机构养老已经无法满足目前严峻的养老压力，新型的社区养老方式是养老保障的新契机。西北民族地区城市社区的特殊性使其对社区养老工作有特殊要求，需要当地政府提高重视，制定符合其养老服务发展的专项政策，为少数民族居民设置养老服务专门窗口。例如本研究中的"老年饭桌"项目是具有典型意义的城市多民族社区养老服务项目。政府在政策以及人员、资金等方面的支持是该项目顺利运行的保障。社区养老服务应是一项专业性较强的服务项目，因而对工作人员的素质、专业要求较高。对社区负责养老方面工作的人员，应进行专业的指导培训，让他们不仅要学习相关的护理知识，还需要学习照料老人生理与心理的技能等。对于西北民族地区城市社区的养老服务，关键还在于要考虑少数民族老人的需求，对于其生活习俗、宗教信仰等要有所了解，尊重少数民族老人在平时生活中的语言交流、着装、饮食、节日庆祝等文化习俗。比如，在"老年饭桌"项目中，有就餐的老人信仰伊斯兰教，在饮食方面必须是清真食品等，这些在服务时都需要注意。

### 三 以社会资本为切入点夯实社区治理基础

（一）积极培育社会资本

城市多民族社区结构复杂并且异质性程度高，社会资本存量的提升有助于调适民族文化，增强价值认同，维护社区的稳定与发展。通过调研发现，西北民族地区城市社区各族居民尊重彼此的风俗习惯与宗教信仰，各族居民间关系较为融洽等，存在可挖掘的社会资本潜量。在此基础上培育社会资本，首先要建立普遍的信任，信任是交流的前提和基础，并且使居民之间的合作成本降低。在调研中，西北民族地区城市社区内各族居民对社区的认同感较高，同时大多数居民也表现出对其他民族居民的尊重和愿意交流的意愿，这都有利于构建信任与和谐的民族关系。增强社区的信任资本，加大居民间的相互了解和交流沟通，能激起社区居民的责任感和共同体意识，培育公民精神。其次，需要互惠性规范的保障，正式的制度规范和非正式的道德规范引导着人们良性的交往。在社区内，各组织、各族居民都有自己的利益诉求，但要在保障个人利益的同时不危及集体利益，就需要规范建立的价值认同基础，各利益主体有集体观，每个人和组织并不是独立的，而是处于一个共同体中。最后，社区参与社会网络的建立，连接个体、组织与团体的关系网络应是纵横交错的，覆盖整个社区关系网。构建开放型社会网络，提高组织化程度，有助于社会资本存量的提升，实现良性的社区治理，提高居民的满意度和认同感。

（二）开展高效的社区民族工作

西北民族地区城市社区中的民族工作是民族问题治理体系的基础环节，做好社区民族工作有利于构建和谐的民族关系，推动社的稳定发展。做好社区民族工作并非易事，需要多方面的保障。在保证社区工作者职位配备数量充足的基础上，社区工作人员中需要一定比例的少数民族成员，便于与少数民族居民进行沟通交流，更好地开展工作；同时也需要组织在职的工作人员进行培训，不断提高其工作能力。社区工作人员要加强与本社区居民的联系，尤其关注老弱病残孕、鳏寡孤独、生活贫困户等特殊人群，经常性地进行入户慰问，了解其生活需求，及时发现问题并解决问题，提升其心理满足感。要尊重少数民族居民的文化习俗、宗教信仰等，使其感到社区的温暖。对于社区内的流动人口，要主动提供咨询帮助，减少他们的陌生、疏离感，使其尽快融入社区大家庭。

（三）建设"民族互嵌式"社区

在第二次中央新疆工作座谈会上，习近平总书记提出构建各民族相互嵌入式的社会结构和社区环境①，期冀各族人民在交往互动中形成良好的民族关系。本研究通过对西北民族地区城市社区中的部分居民进行调查，发现现阶段社区中多民族的"互嵌"程度还有待提高。对于"民族互嵌式"社区的构建，郝亚明提出，需要宏观基础的社会结构与现实支撑的社区环境两方面的有机结合②，重要实现路径是消除社区结构分隔、社会资源排斥和社会心理疏离等③，促进各族居民和谐相处。民族互嵌式社区的建立，不仅仅是地理意义上的空间交错居住，而且是各族居民在经济社会活动方面进行生产劳动、文化交往、心理交流等，从交往、交流到更深层次的交融。

四 关注影响社区稳定与发展的警兆与警源

在西北民族地区城市社区稳定与发展中，对于警兆（社会问题

① 新华网. 习近平在第二次中央新疆工作座谈会上发表重要讲话 [EB/OL]. [2014 - 05 - 29]. http://www. xinhuanet. com/photo/2014 - 05/29/c_126564529. htm.
② 郝亚明. 民族互嵌型社区社会结构和社区环境的理论分析 [J]. 新疆师范大学学报（哲学社会科学版），2015（4）：14 - 20.
③ 郝亚明. 民族互嵌式社会结构：现实背景、理论内涵及实践路径分析 [J]. 西南民族大学学报（人文社会科学版），2015（3）：22 - 28.

的隐藏形式及社会冲突的缓慢发展过程）及警源（社会问题产生的根源)① 的关注非常重要。通过对社区内警兆及警源的关注，可以有效对社区乃至社会稳定与发展进程中出现的各种问题进行预测、预报和监控，从而及时识别影响社区稳定与发展的隐患并提前采取相应处置措施。

具体而言，首先在保证社区其他工作能够有效开展的基础上，可由社区居委会开展一些调研，为各族居民反馈意见提供渠道，从而缓解社区内不良情绪的积累，以减少更为严重的社会问题发生的概率。定期或不定期就个人需求、社区服务、社会事项、民族关系等方面的内容对社区居民进行调查，有助于主动掌握社区居民的思想动态。其次，社区居委会可与政府、社会组织等建立起合作机制，实现信息与资源的共享。这样一方面，通过社区主动分享居民意见及调研数据，为其他各参与主体加入社区治理过程，提升社区治理水平提供路径；另一方面，政府及社会组织等其他参与主体将社会焦点信息同社区分享，可以有针对性地识别社区警兆及警源。同时，政府及社会组织等其他参与主体利用自身优势的治理资源，就社区分享的信息进行综合处理分析后，可为社区下一步的工作提供意见参考，解决了社区自身能力不足等因素的影响，使社区对警兆及警源的关注更为有效。

① 高永久. 论民族社会稳定的预警系统 [J]. 中南民族大学学报，2003（5）：66 - 69.

# 第七章　未来研究展望

以上六章呈现了笔者以西北地区为例，对城市多民族社区治理的研究内容与结论，对于该课题的探索，也促使笔者和所带领的研究团队不断思考后续研究应完善和努力之处。

首先，理论的分析、凝练能力有待于进一步提升。本书采用了定性研究的方法。所谓定性研究方法，就是"以研究者本人作为研究工具，在自然情境下采用多种资料收集方法对社会现象进行整体性探究，使用归纳法分析资料和形成理论，通过与研究对象互动对其行为和意义建构获得解释性理解的一种活动"①。可以说，定性研究对于研究者理论解释、理论归纳的水平要求很高，由于笔者及所带领的研究团队学识经验有限，在某种程度上对有些研究资料不能做非常深入的分析，在提炼、总结论点方面存在一定困难，这导致研究的理论深度不够。

其次，研究方法的运用能力有待于进一步提升。在问卷调查过程中选取社区、选择社区中的被调查居民时，受到调研条件的限制，考虑到研究的可行性，本研究采用了非概率抽样方法。非概率抽样方法本身存在一定的误差，这也会给研究结果带来一定的偏差。但是对于多民族社区、对于少数民族居民的探索性研究，又难以使用概率抽样获取数据，这是本研究面临的两难境地。另外，如果有条件和资源的话，在使用案例研究方法时应该选择多案例研究设计，这样可以避免"把所有的鸡蛋都放在一个篮子里"的脆弱性。而且，

---

① 陈向明. 质的研究方法与社会科学研究 ［M］. 北京：教育科学出版社，2000：12.

从两个或更多案例中总结出来的结论会比从一个案例中总结出来的结论更扎实、更具说服力①。本研究从整体上来说，属于多案例研究。但是由于时间、精力、费用的限制，对每一主题的研究属于单案例研究，这是本研究的一项不足之处。

最后，本研究还面临一些客观条件的限制。例如，资料不足。尽管研究得到了调研地区的支持，但是一些内部资料是无法接触到的，笔者及所带领的研究团队对此可以表示理解。此外，由于社区居委会工作繁杂和负担沉重，都不可能设置专门的工作人员对居委会工作进行详细记录。一些资料的缺失给本研究的调研以及资料收集工作带来了很大困难。针对这样的所调查社区，与政府工作人员、社区工作人员及居民进行访谈成为本研究了解其管理现状的主要途径。资料的不足，客观上影响到了研究的结果。再如，语言沟通障碍带来的问题。问卷调查过程中被调查者中有很大一部分为少数民族居民，而本研究所设计的问卷为汉语，所以向这部分居民发放问卷时，需要懂汉语和少数民族语言的人员辅助调查。这些人员对问卷的翻译解释、被调查少数民族居民对问题的理解过程中都会出现偏差，因而对问题的回答可能与实际情况存在一些不符。这对整个研究过程也产生了一定的影响。

但是无论如何，在城市化背景下，在社区建设的推动过程中，"西北地区城市多民族社区治理"这一议题具有重要的研究价值，能为现代城市治理、城市民族工作的理论提升及实践推动做出贡献，能对西北民族地区乃至国家的稳定与平衡发展提供建设性路径。尽管我们的研究还不够深入，不过期待以此抛砖引玉，引起更多研究者对这一重要问题的共同关注。虽然就此议题的研究过程已经完成，但是对于一个以青年研究者为主体形成的研究团队来说，研究生涯才刚刚开始。就这一议题，如何让各族居民更加

---

① 罗伯特·K.殷.案例研究：设计与方法［M］.周海涛，主译.重庆：重庆大学出版社，2004：59.

幸福地生活在城市中、如何体现出社区治理与城市治理中的公共价值、如何判断城市多民族社区的治理绩效、城市民族"互嵌"式社区如何行之有效地"互嵌"、如何在城市多民族社区生成"共同体"理念来推进民族地区区域的稳定与发展等，都是进一步研究中需要深入探索的话题。

# 参考文献

## 中文著作

[1] 包国宪，〔美〕道格拉斯·摩根．政府绩效管理学——以公共价值为基础的政府绩效治理理论与方法〔M〕．北京：高等教育出版社，2015．

[2] 包亚明．布迪厄访谈录——文化资本与社会炼金术〔M〕．上海：上海人民出版社，1997．

[3] 陈向明．质的研究方法与社会科学研究〔M〕．北京：教育科学出版社，2000．

[4] 陈振明．公共政策学：政策分析的理论、方法和技术〔M〕．北京：中国人民大学出版社，2004．

[5] 邓正来．哈耶克社会理论〔M〕．上海：复旦大学出版社，2009．

[6] 费孝通．社会学概论〔M〕．天津：天津人民出版社，1984．

[7] 风笑天．社会学研究方法〔M〕．北京：中国人民大学出版社，2001．

[8] 高永久．西北少数民族地区城市化及社区研究〔M〕．北京：民族出版社，2005．

[9] 何艳玲．都市街区中的国家与社会：乐街调查〔M〕．北京：社会科学文献出版社，2007．

[10] 陆学艺．当代中国社会阶层研究报告〔M〕．北京：社会科学文献出版社，2002．

[11] 马戎．中国民族社区发展研究〔M〕．北京：北京大学出版社，2001．

［12］荣敬本．从压力型体制向民主合作体制的转变［M］．北京：中央编译出版社，1998.

［13］单菲菲．城市多民族社区管理模式研究［M］．北京：中国社会科学出版社，2011.

［14］王巍．社区治理结构变迁中的国家与社会［M］．北京：中国社会科学出版社，2009.

［15］夏建中．中国城市社区治理结构研究［M］．北京：中国人民大学出版社，2012.

［16］燕继荣．社会资本与国家治理［M］．北京：北京大学出版社，2015.

［17］杨庆塑．中国社会中的宗教［M］．上海：上海人民出版社，2007.

［18］俞可平．治理与善治［M］．北京：社会科学文献出版社，2000.

［19］郑杭生．民族社会学概论［M］．北京：中国人民大学出版社，2005.

［20］郑杭生．社会学概论新修［M］．北京：中国人民大学出版社，2003.

［21］郑杭生．社区建设的理论与实践——以广州深圳实地调查为例的广东特色分析［M］．北京：党建读物出版社，2009.

**中文译著**

［22］E. 博登海默．法理学——法哲学及其方法［M］．邓正来，姬敬武，译．梦觉，校．北京：华夏出版社，1987.

［23］彼得·布劳．社会生活中的交换与权力［M］．孙飞，张黎勤，译．北京：华夏出版社，1988.

［24］弗里德利希·冯·哈耶克．自由秩序原理［M］．邓正来，译．上海：三联书店，1997.

［25］赫伯特·J. 鲁宾，艾琳·S. 鲁宾．质性访谈方法：聆听与提问的艺术［M］．卢晖临，连佳佳，李丁，译．重庆：重庆大学出版社，2012.

[26] 罗伯特·K. 殷. 案例研究: 设计与方法 [M]. 周海涛, 主译. 重庆: 重庆大学出版社, 2004.

[27] 罗伯特·帕特南. 使民主运转起来: 现代意大利的公民传统 [M]. 王列, 赖海榕, 译. 南昌: 江西人民出版社, 2000.

[28] 马克·H. 穆尔. 创造公共价值: 政府战略管理 [M]. 伍满桂, 译. 陈振明, 校. 北京: 商务印书馆, 2016.

[29] 马克斯·韦伯. 经济与社会 (第一卷) [M]. 阎克文, 译. 上海: 上海人民出版社, 2010.

[30] 马克斯·韦伯. 社会学的基本概念 [M]. 顾忠华, 译. 桂林: 广西师范大学出版社, 2011.

[31] 马凌诺斯基. 文化论 [M]. 费孝通, 译. 北京: 华夏出版社, 2002.

[32] 斯蒂芬 L. 申苏尔, 琼·J. 申苏尔, 玛格丽特·D. 勒孔特. 民族志方法要义: 观察、访谈与调查问卷 [M]. 康敏, 李荣荣, 译. 重庆: 重庆大学出版社, 2012.

[33] 斐迪南·滕尼斯. 共同体与社会 [M]. 林荣远, 译. 北京: 商务印书馆, 1999.

[34] R. E. 帕克, E. N. 伯吉斯, R. D. 麦肯齐. 城市社会学——芝加哥学派城市研究 [M]. 宋俊玲, 郑也夫, 译. 北京: 商务印书馆, 2012.

[35] 全钟燮. 公共行政的社会建构: 解释与批评 [M]. 孙柏瑛, 张钢, 黎洁等, 译. 孙柏瑛, 校. 北京: 北京大学出版社, 2008.

[36] 詹姆斯·科尔曼. 社会理论的基础 [M]. 邓方, 译. 北京: 社会科学文献出版社, 2008.

## 中文论文

[37] 包国宪, 王学军. 以公共价值为基础的政府绩效治理——源起、架构与研究问题 [J]. 公共管理学报, 2012 (2): 89 - 97.

[38] 包国宪, 张弘. 基于 PV - GPG 理论框架的政府绩效损失研

究——以鄂尔多斯"煤制油"项目为例 [J]. 公共管理学报，2015（3）：117 – 125.

[39] 曹俊德. "三圈理论"的核心思想及决策方法论意义 [J]. 国家行政学院学报，2010（1）：37 – 41.

[40] 常士 . 多民族后发国家现代化进程中的族际政治整合与政治文明建设 [J]. 云南行政学院学报，2010（3）：4 – 9.

[41] 陈纪. 社会认同视角下多民族社区和谐民族关系建设研究——以天津市 H 街道为例 [J]. 西南民族大学学报（人文社会科学版），2012（10）：43 – 48.

[42] 陈纪. 协作治理：城市多民族社区民族工作创新的探讨 [J]. 西南民族大学学报（人文社会科学版），2013（12）：38 – 45.

[43] 陈家喜. 反思中国城市社区治理结构——基于合作治理的理论视角 [J]. 武汉大学学报（哲学社会科学版），2015（1）：71 – 76.

[44] 陈沛照，向琼. 互动中的认同：一个多民族社区的民族关系研究 [J]. 贵州民族研究，2015（2）：9 – 10.

[45] 陈天祥，杨婷. 城市社区治理：角色迷失及其根源——以 H 市为例 [J]. 中国人民大学学报，2011（3）：129 – 137.

[46] 崔茂林. 对民族地区稳定与发展的思考——兼论西藏"两手抓"方针 [J]. 民族研究，1990（6）：18 – 22.

[47] 丁如曦，赵曦. 中国西部民族地区经济发展方式的主要缺陷与新时期战略转型 [J]. 云南民族大学学报（哲学社会科学版），2015（5）：93 – 98.

[48] 丁元竹. 社区的本质及其建设 [J]. 中国发展观察，2006（6）：24 – 26.

[49] 丁元竹. 社区与社区建设：理论、实践与方向 [J]. 学习与实践，2007（1）：16 – 27.

[50] 段超，王平. 武陵山民族地区多民族文化和谐发展探析 [J]. 中南民族大学学报（人文社会科学版），2013（4）：1 – 5.

[51] 方盛举，陈立春. 影响边疆民族地区社会政治稳定的主要因素

分析 [J]. 思想战线, 1999 (5): 25-31.

[52] 方亚琴, 夏建中. 社区、居住空间与社会资本——社会空间视角下对社区社会资本的考察 [J]. 学习与实践, 2014 (11): 83-91.

[53] 费孝通. 居民自治: 中国城市社区建设的新目标 [J]. 江海学刊, 2002 (3): 15-18.

[54] 费孝通. 农村、小城镇区域发展——我的社区研究历程的再回顾 [J]. 北京大学学报, 1995 (2): 4-14.

[55] 高民政, 郭圣莉. 居民自治与城市治理——建国初期城市居民委员会的创建 [J]. 政治学研究, 2003 (1): 96-103.

[56] 高鑫. 城市化进程中多民族社区治理研究——以天津市 T 社区为例 [J]. 青海民族研究, 2015 (2): 69-72.

[57] 高永久, 郝龙. 关于"以人为本"新型社区民族工作的方法论思考——基于新人文主义思潮的一点启发 [J]. 中南民族大学学报 (人文社会科学版), 2013 (1): 14-19.

[58] 高永久, 刘庸. 城市化背景下西北少数民族文化的保护与开发利用 [J]. 西北民族大学学报 (哲学社会科学版), 2005 (6): 48-54.

[59] 高永久, 刘庸. 城市社区民族文化涵化的类型分析 [J]. 中南民族大学学报 (人文社会科学版), 2006 (3): 10-14.

[60] 高永久, 朱军. 论多民族国家中的民族认同与国家认同 [J]. 民族研究, 2010 (2): 26-35.

[61] 高永久, 朱军. 试析民族社区的内涵 [J]. 北方民族大学学报 (哲学社会科学版), 2010 (1): 5-11.

[62] 高永久. 城市社区少数民族居民利益的演变 [J]. 云南民族大学学报, 2005 (11): 28-32.

[63] 高兆明. 多民族国家中少数民族文化保护的主体问题 [J]. 西南民族大学学报 (人文社会科学版), 2011 (10): 1-4.

[64] 桂勇, 黄荣桂. 社区社会资本测量: 一项基于经验数据的研究 [J]. 社会学研究, 2008 (3): 125-138.

［65］郭圣莉．国家的社区权力结构：基于案例的比较分析［J］．上海行政学院学报，2013（6）：80 – 93.

［66］国少华，冉靖．城市化进程中多民族聚居社区秩序构建探析——基于北京魏公村社区的调研［J］．湖北民族学院学报（哲学社会科学版），2013（3）：26 – 29.

［67］何艳玲，蔡禾．中国城市基层自治组织的"内卷化"及其成因［J］．中山大学学报（社会科学版），2005（5）：104 – 109.

［68］何艳玲．"社区"在哪里：城市社区建设走向的规范分析［J］．华中师范大学学报（人文社会科学版），2007（5）：22 – 30.

［69］胡洁．民族互嵌式社区的变迁轨迹和变迁机理——来自国际经验的启示［J］．西藏研究，2016（4）：114 – 120.

［70］胡兆义．民生视域下民族地区的国家认同建构［J］．西南民族大学学报（人文社会科学版），2013（5）：58 – 62.

［71］蒋连华．关于我国少数民族散居城市多民族社区建设的思考［J］．中央社会主义学院学报，2010（1）：51 – 54.

［72］雷勇．国家在场与民族社区宗教正功能的生成——以贵州青岩为例［J］．广西民族研究，2010（4）：66 – 71.

［73］李安辉，王升云．完善城市少数民族流动人口管理的思考［J］．西南民族大学学报（人文社会科学版），2013（1）：68 – 72.

［74］李东泉，蓝志勇．中国城市化进程中社区发展的思考［J］．公共管理学报，2012（1）：104 – 110.

［75］李慧凤．社区治理与社会管理体制创新——基于宁波市社区案例研究［J］．公共管理学报，2012（1）：67 – 72.

［76］李吉和．现代城市民族社区功能探析——以武汉市回族社区为例［J］．中南民族大学学报（人文社会科学版），2006（1）：26 – 29.

［77］李林凤．社会工作视野下的城市少数民族流动人口问题［J］．黑龙江民族丛刊，2006（1）：51 – 56.

［78］李然．当代多民族社区族群关系模式探析——以湘西土家族苗

族自治州为例 [J]．北方民族大学学报（哲学社会科学版），
2011（3）：80 – 85．

[79] 李晟赟，薛炳尧．需求迫切与发展困境：城市多民族社区文化
建设研究 [J]．西北民族大学学报（哲学社会科学版），2012
（5）：113 – 117．

[80] 李友梅．城市基层社会的深层权力秩序 [J]．江苏社会科学，
2003（6）：62 – 67．

[81] 良警宇．北京牛街回民教育现状调查 [J]．中央民族大学学报
（哲学社会科学版），1999（4）：18 – 26．

[82] 梁峰．规则与自发秩序：哈耶克社会理论的构建 [J]．学海，
2004（2）：36 – 42．

[83] 廖鸿冰，李斌．我国社区居家养老模式的理性选择 [J]．求
索，2014（7）：19 – 23．

[84] 刘庸．城市化进程中社区民族关系演化的特征与类型分析 [J]．
青海民族研究，2016（2）：94 – 98．

[85] 刘正江．乌鲁木齐市民族社区居住格局变迁动因研究 [J]．黑
龙江民族丛刊，2014（4）：116 – 121．

[86] 卢汉龙．中国城市社区的治理模式 [J]．上海行政学院学报，
2004（1）：56 – 65．

[87] 吕昭河．发展失衡、预警与超越预警——边疆民族地区发展失
衡的思考 [J]．西南民族大学学报（人文社会科学版），2011
（4）：18 – 25．

[88] 马戎．中国民族问题的历史与现状 [J]．云南民族大学学报
（哲学社会科学版），2011（5）：15 – 20．

[89] 马西恒．社区公益服务的体系整合与机制创新 [J]．上海行政
学院学报，2012（4）：98 – 103．

[90] 马岳勇，李艳霞．城市多民族社区文化互动探析——对新疆塔
城市塔尔巴哈台社区的人类学调查 [J]．中南民族大学学报
（人文社会科学版），2009（4）：58 – 61．

［91］潘彤．乌鲁木齐多民族社区管理新思路——以乌市五星南路社区为例［J］．商，2013（1）：164.

［92］秦文鹏．试论城市少数民族流动人口社会管理的社区策略［J］．黑龙江民族丛刊，2012（5）：52-55.

［93］让-彼埃尔·戈丹．现代的治理，昨天和今天：借重法国政府政策得以明确的几点认识［J］．陈思，译．国际社会科学杂志（中文版），1999（1）：49-58.

［94］单菲菲，王学锋．城市化背景下城市多民族社区认同研究——基于甘肃省合作市Z社区的调查［J］．中南民族大学学报（人文社会科学版），2014（5）：27-31.

［95］石发勇．业主委员会、准派系政治与基层治理——以一个上海街区为例［J］．社会学研究，2010（3）：136-158.

［96］唐皇凤．稳定与发展双重视阈下的中国社会建设［J］．人文杂志，2013（6）：104-111.

［97］汪忠杰，何珊珊．社区居家养老服务模式探析——以武汉市为例［J］．武汉大学学报（哲学社会科学版），2014（4）：124-128.

［98］王诗宗．治理理论与公共行政学范式进步［J］．中国社会科学，2010（4）：87-100.

［99］王学军，张弘．公共价值的研究路径与前沿问题［J］．公共管理学报，2013（2）：126-136.

［100］魏娜．我国城市社区治理模式：发展演变与制度创新［J］．中国人民大学学报，2003（1）：135-140.

［101］文化．文化建设激发民族社区治理内生动力——基于西北民族社区治理的实践探讨［J］．西北民族研究，2014（4）：127-133.

［102］吴良平．流动人口与新疆嵌入式民族社会结构构建——以新疆石河子市明珠社区汉族流动人口春节族际互动网络为例［J］．西南民族大学学报（人文社科版），2016（2）：31-36.

［103］吴晓林．中国城市社区建设研究述评（2000-2010年）——以CSSCI检索论文为主要研究对象［J］．公共管理学报，2012

（1）：111－120.

［104］辛西娅·休伊特·德·阿尔坎塔拉."治理"概念的运用与滥用［J］.黄语生,译.国际社会科学杂志（中文版）,1999（1）：105－113.

［105］徐黎丽.论民族关系与政治稳定［J］.中南民族大学学报（人文社会科学版）,2003（1）：49－51.

［106］闫丽娟,王丽霞,何乃柱.城市民族社区场域下的社会工作本土化——以回族社区为视点［J］.贵州民族研究,2014（3）：42－45.

［107］杨桂华.转换公民的社区参与方式,提升公民的自组织参与能力——城市社区自组织能力建设路径研究［J］.复旦学报（社会科学版）,2009（1）：128－129.

［108］杨建超.民族问题现代治理视阈下的城市社区民族工作研究［J］.贵州民族研究,2016（3）：30－34.

［109］杨鹃飞.民族互嵌型社区:涵义、分类与研究展望［J］.广西民族研究,2014（5）：17－24.

［110］杨敏.作为国家治理单元的社区——对城市社区建设运动过程中公民社区参与和社区认知的个案研究［J］.社会学研究,2007（4）：137－164.

［111］杨沛艳.西部大开发中民族意识变迁与政治稳定的关系探讨［J］.西南民族大学学报（人文社会科学版）,2011（4）：26－29.

［112］杨淑琴,土柳丽.国家权力的介入与社区概念嬗变——对中国城市社区建设实践的理论反思［J］.学术界,2015（6）：167－173.

［113］伊巴代提古力·吐尔孙,如斯坦木江·阿不都沙地克.关于多民族社区发展的思考——以乌鲁木齐天山区为例［J］.黑龙江史志,2013（2）：88－92.

［114］张广利,徐丙奎.权力、治理与秩序:一个可能的社区分析

框架 [J]. 西南民族大学学报 (人文社科版), 2013 (10): 205 – 210.

[115] 张会龙. 论各民族相互嵌入式社区建设: 基本概念、国际经验与建设构想 [J]. 西南民族大学学报 (人文社会科学版), 2015 (1): 44 – 48.

[116] 张磊. "一带一路" 战略与中国少数民族地区社会经济发展 [J]. 中央民族大学学报 (哲学社会科学版), 2016 (4): 70 – 77.

[117] 张卫, 成婧. 中国式社区治理模式的深层分析 [J]. 中南民族大学学报 (人文社会科学版), 2013 (5): 88 – 92.

[118] 张志泽, 高永久. 传统民族社区治理现代化视阈下的社会组织发展 [J]. 贵州民族研究, 2016 (8): 27 – 28.

[119] 赵锦山, 徐平. 广西壮族自治区民族文化认同调查研究 [J]. 中南民族大学学报 (人文社会科学版), 2014 (2): 55 – 59.

[120] 赵巧艳. 民族社区分类与包容性社区文化建设的政策取向 [J]. 大连民族学院学报, 2012 (2): 146 – 150.

[121] 郑长德, 王永. 中国区域经济发展新格局下西部民族地区的发展研究 [J]. 西南民族大学学报 (人文社会科学版), 2009 (1) 125 – 130.

[122] 周立军. 社会资本视域下西北边疆地区多民族社区治理创新研究 [J]. 新疆社科论坛, 2015 (4): 106 – 110.

[123] 周平. 多民族国家的国家认同问题研究 [J]. 政治学研究, 2013 (1): 26 – 40.

[124] 周平. 论我国改革过程中的政治参与 [J]. 云南社会科学, 1994 (4): 27 – 33.

[125] 朱健刚. 城市街区的权力变迁: 强国家与强社会模式——对一个街区权力结构的分析 [J]. 战略与管理, 1997 (4): 42 – 53.

[126] 朱健刚. 论基层治理中政社分离的趋势、挑战与方向 [J]. 中国行政管理, 2010 (4): 39 – 42.

**外文著作与论文**

[127] Alfred H O, Coates P. Citizen-Initiated Performance Assessment: The Initial Iowa Experience [J]. Public Performance and Management Review, 2004, 27 (3): 29 – 50.

[128] Arnstein S R. A Ladder of Citizen Participation [J]. Journal of American Institute of Planners, 1969, 35 (4): 216 – 224.

[129] Bao G, Wang X, Larsen G, Morgan D. Beyond New Public Governance: A Value-Based Global Framework for Performance Management, Governance, and Leadership [J]. Administration and Society, 2013, 45 (4): 443 – 467.

[130] Beierle T C. Using Social Goals to Evaluate Public Participation in Environmental Decisions [J]. Review of Policy Research, 1999, 16 (3 – 4): 75 – 103.

[131] Benest F. Reconnecting Citizens with Citizens: What Is the Role of Local Government? [J]. Public Management. 1999, 81 (1): 6 – 11.

[132] Blakely G, Bryson V. Contemporary Political Concepts: A Critical Introduction [M]. London and Sterling, Virginia: Pluto Press, 2002.

[133] Brookes S, Grint K. The New Public Leadership Challenge [M]. Palgrave Macmillan, 2010.

[134] Etzioni A. Ceating Good Communities and Good Societies [J]. Contemporary Sociology, 2000, 29 (1): 188 – 195.

[135] Galen L W. Does Religious Belief Promote Prosociality? A Critical Examination [J]. Psychological Bulletin. 2012, 138 (5): 876 – 906.

[136] Kelly G, Muers S, Mulgan G. Creating Public Value: An Analytical Framework for Public Service Reform [M]. London: Cabi-

net Office, UK Government, 2002.

[137] Kwak N, Holbert D V S L. Connecting, Trusting and Participating: The Direct and Interactive Effects of Social Associations [J]. Political Research Quarterly, 2004, 57 (4): 643 – 652.

[138] Lee J, Kim S. Active Citizen E-Participation in Local Governance: Do Individual Social Capital and E-Participation Management Matter? [C]. Hawaii International Conference on System Sciences, 2014: 2044 – 2053.

[139] Moore M H. Creating Public Value: Strategic Management in Government [M]. Cambridge, MA: Harvard University Press, 1995.

[140] O'Flynn J L. From New Public Management to Public Value: Paradigmatic Change and Managerial Implications [J]. The Australian Journal of Public Administration, 2007, 66 (3): 353 – 366.

[141] Ostrom E. A Communitarian Approach to Local Governance [J]. National Civic Review. 2007, 82 (3): 226 – 233.

[142] Phillips B S. Sociology: Form Concepts to Practice [M]. McGraw-Hill Inc. , US, 1979.

[143] Putnam R D. Making Democracy Work: Civic Traditions in Modern Italy Princeton [M]. Princeton University Press, 1993.

[144] Rosell S A. Governing in An Information Society [J]. Technological Forecasting and Social Change, 1997, 54 (1): 29 – 35.

[145] Temkin K, Rohe W M. Social Capital and Neighborhood Stability: An Empirical Investigation [J]. Housing Policy Debate, 1998, 9 (1): 61 – 68.

[146] Yin R K. The Case Study Crisis: Some Answers [J]. Administrative Science Quarterly, 1981, 26 (1): 58 – 65.

# 附录一

## 《促进西北民族地区城市稳定与发展的
## 社区治理策略研究》调查问卷

朋友：

您好！我们是兰州大学管理学院的师生。为了了解城市多民族社区的管理现状，进行本次问卷调查。调查问卷一律匿名填写，答案没有对错之分。我们对您的回答严加保密，一切后果责任由我们承担，望您如实填写。

请您在每题给定的选项中打钩标出您要选择的选项，每题都只选一个答案。

衷心感谢您的理解与支持！

兰州大学管理学院"多民族社区治理"调研组

| 基本信息 | |
|---|---|
| 1. 您的性别：□男　□女 | 2. 您的年龄：＿＿岁 |
| 3. 您的民族：＿＿族 | 4. 您的职业 |
| 5. 您的受教育程度：□小学或小学以下　□初中或高中<br>□大专或本科　□硕士或硕士以上 | |
| 6. 您的政治面貌：□共产党员　□共青团员　□民主党派　□无党派人士 | |
| 7. 您的宗教信仰：□无宗教信仰　□伊斯兰教　□藏传佛教　□佛教<br>□基督教　□道教　□其他 | |

8. 您知道自己属于哪个社区吗？

（1）知道　　（2）不知道

9. 您对《居民委员会组织法》了解吗？

（1）非常了解　　（2）了解一些

（3）听说过，但不了解具体内容　　（4）没听说过

10. 您认为社区居委会的性质是什么？

（1）政府组织　　（2）自治组织　　（3）事业单位

（4）企业单位　　（5）不清楚　　（6）其他（请填写）

11. 您认为您所在街道办事处与社区居委会的关系是：

（1）领导与被领导关系　　（2）指导与被指导关系

（3）它们各自独立　　（4）不知道

12. 您认为社区居委会干部应该如何产生？

（1）应该由居民选举　　（2）应该由政府指派

（3）不知道　　（4）无所谓

13. 您所在社区中的重要事项决策时，社区居委会是否征求社区居民意见？

（1）征求　　（2）不征求　　（3）不知道

14. 您是否参加过社区居委会的选举？参加选举时您对社区居委会候选人的情况是否了解？

（1）不知道有选举，没有参加过

（2）知道有选举，没有参加过

（3）参加过选举，一点不了解候选人

（4）参加过选举，不太了解候选人

（5）参加过选举，较为了解候选人

（6）参加过选举，十分了解候选人

15. 您对社区的一些公告、通知是否关注？

（1）非常关注　　（2）比较关注　　（3）一般

（4）无所谓　　（5）不关注

16. 社区居委会召开的会议，您参加过吗？您愿意参加这种会议吗？

（1）参加过，愿意参加

（2）没有参加过，愿意参加

（3）参加过，不愿意参加

（4）没有参加过，不愿意参加

17. 您最愿意参加社区举办的下列哪项活动？

（1）参加社区的各类文体娱乐活动

（2）参加社区组织的志愿者服务活动

（3）参加社区的选举活动

（4）其他活动（请填写）

18. 您向社区居委会反映过问题吗？是否得到解决？

（1）没有反映过问题　　（2）反映过，没有解决

（3）反映过，解决了一部分　　（4）反映过，解决得很好

19. 您对社区居委会的工作满意吗？

（1）非常满意　　（2）比较满意　　（3）一般

（4）不太满意　　（5）很不满意

20. 您是否愿意在现在所在的社区长期居住？

（1）非常愿意　　（2）比较愿意　　（3）一般

（4）不太愿意　　（5）不愿意

21. 您希望居住在以下哪种社区？

（1）本民族聚居的城市社区　　（2）多民族杂居的城市社区

（3）无所谓　　（4）其他（请填写）

22. 您会觉得自己是社区内重要的一分子吗？

（1）会　　（2）不会　　（3）不知道

23. 如果有问题影响整个社区，您会主动发动其他居民一起解决问题吗？

（1）会　　（2）不会　　（3）不知道

24. 社区内有人破坏环境或破坏公共设施，您是否会制止？

（1）经常会　　（2）偶尔会　　（3）从不会　　（4）不知道

25. 您认为所居住的社区内，居民是否相互到家里走访？

（1）很多　　（2）较多　　（3）一般　　（4）较少　　（5）很少

26. 如果您生活上遇到困难，会向谁求助？

（1）家人亲属　　（2）同事朋友　　（3）政府部门

（4）工作单位　　（5）新闻媒体　　（6）社区干部

（7）其他（请填写）

27. 您认为，社区中与本民族居民相比，与其他民族居民交流困难吗？

（1）非常困难　　（2）比较困难　　（3）没区别　　（4）不困难

28. 您认为您周围不同民族居民之间的关系如何？

（1）十分融洽　　（2）比较融洽　　（3）一般

（4）不太融洽　　（5）很不融洽　　（6）不清楚

29. 您认为您周围的居民是否尊重少数民族居民的风俗习惯？

（1）都很尊重　　（2）大部分尊重　　（3）很少尊重

（4）都不尊重　　（5）不清楚

30. 您对目前所从事的职业是否满意？

（1）非常满意　　（2）较为满意　　（3）一般

（4）较不满意　　（5）非常不满

31. 您对目前个人的收入是否满意？

（1）非常满意　　（2）较为满意　　（3）一般

（4）较不满意　　（5）非常不满

32. 您对目前社会的养老保障是否满意？

（1）非常满意　　（2）较为满意　　（3）一般

（4）较不满意　　（5）非常不满

33. 您对目前社会的失业保障是否满意？

（1）非常满意　　（2）较为满意　　（3）一般

（4）较不满意　　（5）非常不满

34. 您对目前社会的医疗保障是否满意？

（1）非常满意　　（2）较为满意　　（3）一般

（4）较不满意　　（5）非常不满

35. 您对您所在社区的满意程度怎么样？（请在每一行选择的方

格内打√）

| | 非常满意 | 比较满意 | 一般 | 不太满意 | 非常不满 |
|---|---|---|---|---|---|
| 医疗卫生 | | | | | |
| 各类知识宣传普及 | | | | | |
| 社区服务 | | | | | |
| 社区治安 | | | | | |
| 社区内各民族关系 | | | | | |
| 环境绿化 | | | | | |

36. 您如何认识以下社会问题？（请在每一行选择的方格内打√）

| | 非常少见 | 越来越少见 | 持续原状 | 越来越严重 | 无法解决 |
|---|---|---|---|---|---|
| 腐败问题 | | | | | |
| 贫富差距扩大 | | | | | |
| 看病就医难 | | | | | |
| 养老难 | | | | | |
| 住房难 | | | | | |
| 生态环境破坏 | | | | | |

# 附录二

《城市多民族社区服务居民需求》调查问卷

尊敬的居民朋友：

您好！我们是兰州大学管理学院的师生。为了解居民对社区服务的需求进行本次调查。本次调查问卷一律匿名填写，答案没有错对之分。调查结果仅做学术研究之用，我们将对您的回答严加保密，一切后果责任由我们承担，希望您如实填写！衷心感谢您的理解与支持！

请根据您以及您家庭的实际情况，在给定的选项中打"√"标出您要选择的答案。

兰州大学管理学院"多民族社区治理"调研组

| 基本信息 | | |
|---|---|---|
| 您的性别：□男□女 | 您的年龄：_____岁 | 您的民族：_____族 |
| 您目前的身份：□学生 □企业在职员工 □个体劳动者 □自由职业者<br>□离退休人员 □下岗失业人员 □其他_____ | | |
| 您的受教育程度：□小学及以下 □初中或高中<br>□大专或本科 □硕士或硕士以上 | | |
| 您家庭月收入水平：□1000元以下 □1000—3000元 □3000—5000元<br>□5000元以上 | | |
| 您的家庭结构：□单身 □无小孩的夫妇家庭 □有小孩的家庭<br>□三代同堂 □与子女分居 | | |

## 一 以下社区服务中，哪些是您及您的家庭需要的？（多选）

### 1. 社区劳动就业、社会保险和社会服务

| | |
|---|---|
| 101. 劳动就业服务 | 102. 社保宣传及办理 |
| 103. 少数民族就业及社保帮扶活动 | 104. 家政服务 |
| 105. 养老服务 | 106. 社区照料 |
| 107. 病患陪护 | 108. 其他（请填写） |

### 2. 社区医疗卫生和计划生育服务

| | |
|---|---|
| 201. 居民健康档案 | 202. 健康知识教育 |
| 203. 疾病管理及预防 | 204. 医疗保健（儿童、孕产妇、老年人） |
| 205. 卫生监督协管 | 206. 计划生育服务 |
| 207. 实有人口动态信息采集服务 | 208. 其他（请填写） |

### 3. 社区文化、教育、体育服务

| | |
|---|---|
| 301. 文化娱乐活动 | 302. 公益性未成年人上网场所 |
| 303. 社区教育（文化普及、幼儿园等） | 304. 民族文化宣传教育 |
| 305. 体育健身设施 | 306. 其他（请填写） |

### 4. 社区法律、治安服务

| | |
|---|---|
| 401. 法律咨询及援助 | 402. 邻里关系调解 |
| 403. 社区警务室 | 404. 其他（请填写） |

### 5. 社区便民利民服务

| | |
|---|---|
| 501. 日常生活网点（超市、菜店等） | 502. 对日常生活网点进行监管 |
| 503. 民族用品供应（食品、物品等） | 504. 居民楼信报箱 |
| 505. 其他（请填写） | |

## 二 请您对您所在社区的服务做出评价。

| | 非常不满意 | 不满意 | 一般 | 比较满意 | 非常满意 |
|---|---|---|---|---|---|
| 总体评价 | | | | | |
| 社区劳动就业、社会保险和社会服务 | | | | | |
| 社区医疗卫生和计划生育服务 | | | | | |
| 社区文化、教育、体育服务 | | | | | |
| 社区法律、治安服务 | | | | | |
| 社区便民利民服务 | | | | | |
| 工作人员服务态度 | | | | | |
| 办事效率 | | | | | |

三　您有向您所在的社区居委会或街道办事处表达需求的意愿吗？

（1）有　　（2）没有　　（3）无所谓

四　当您及家庭有需求要表达时，您一般通过哪些方式来表达？

（1）找社区居委会工作人员　　（2）居民意见箱　　（3）其他

五　当您向社区居委会或街道办事处表达需求后，社区居委会或街道办事处是否会对您的需求进行回应？

（1）经常回应　　（2）偶尔回应　　（3）从不回应

（4）没有表达过

六　您认为政府提供服务的能力有限吗？

（1）有　　（2）没有　　（3）不关心

——全卷完，再次感谢您的理解与支持！祝您生活愉快！——

# 后 记

在书稿完成之时，我希望能将自己最诚挚的谢意献给支持和帮助我的人。

首先感谢我的两位导师。在攻读博士学位期间，我有幸师从南开大学周恩来政府管理学院高永久教授。正是高老师的指引，奠定了我日后的研究方向与兴趣。求学期间，我参与了高老师主持的教育部哲学社会科学研究重大课题攻关项目"城市化进程中的民族问题及其对策研究"（批准号：06JZD0024），并完成了博士学位论文《城市多民族社区管理模式研究》，该论文已于2011年由中国社会科学出版社出版。从对"多民族社区"一无所知，到围绕着"多民族社区"的一系列论文发表与出版，并获得学界一定的认可，我的每一点进步，都饱含着高老师的心血。没有高老师的悉心指导、谆谆教诲和大力支持，本书就没有完成的基础。

我要感谢的第二位导师是兰州大学管理学院包国宪教授。2009年博士毕业后，我入职兰州大学管理学院，当时包老师任院长，给予了我成为兰州大学管理学院一员的机会。但是入职以后在新的环境下我对自己的研究领域开始迷茫，为了能够将我以往的研究基础与管理学院的主要研究方向融合在一起，包老师在2014年接收我成为他的博士后，学习绩效治理，我由此成为管理学院民族地区治理团队的成员。新的视角给予我新的启示，交叉的学科方向又激发了我的研究动力。包老师热忱、无私的帮助，让我在科研与教学上取得了较好的成绩。

其实除了两位导师之外，我的求学与工作道路上得到了太多师长的关注，他们是南开大学周恩来政府管理学院朱光磊教授、沈亚平教授、杨龙教授、柏桦教授、孙涛教授、程同顺教授等，无论是求学还是工作之后，他们都仍然无微不至地关心和支持着我的学习与工作。

我还要感谢兰州大学管理学院我的同事们，感谢何文盛院长、姚成福书记、吴建祖副院长、王学军副院长、苗绪亮副院长对我工作上的关心，对本书出版给予的帮助，本书的出版得到了兰州大学管理学院的资助。感谢沙勇忠教授、丁志刚教授、韩国明教授、李少惠教授、焦克源教授在我的科研工作中予以指导与支持！

从 2012 年起我受聘为硕士研究生导师，开始招收自己的第一名硕士研究生。迄今，我自己的团队已有 10 名成员，他们是白永婧、王学锋、刘玮轩、范艳、阎玉梅、闫浩、侯明芳、罗晶、周姗姗和高敏娟。我要对他们表示谢意，这本书是我们团队集体智慧和劳动的结晶，在前期的调研工作和书稿的讨论、起草、校对中，他们做了大量的工作。

无论是师从高永久教授，还是包国宪教授，都让我感受到浓浓的师门情谊！感谢师兄师姐师弟师妹们在本书完成过程中提出中肯的修改建议，并予以精神上的鼓励！

感谢新疆维吾尔自治区、宁夏回族自治区、甘肃省协助我进行社区调查研究的朋友们！在这些朋友的大力支持与帮助下，调研得以顺利进行，本书得以完成。

要特别感谢社会科学文献出版社的帮助，尤其是宋浩敏女士为本书出版所付出的辛劳！

最后，感谢我的家人！父母已经年迈，却总想为女儿的生活多贡献一些自己的力量，比起自己对父母的回报，我惭愧不已。为了让我更专心工作，丈夫默默承担了很多家务，每当失意孤独、彷徨无助的时候，他总是第一时间给予理解与鼓励。女儿乖巧懂事，她来到我的生命里，给我带来了太多的快乐与幸福！

踏踏实实做人，认认真真做事。未来的人生路上，望自己抗拒浮躁，唯有更加努力，才能距离自己的理想更近！

单菲菲

2018 年 11 月 19 日于兰州大学齐云楼

图书在版编目（CIP）数据

城市多民族社区治理：以西北地区为例／单菲菲著
． -- 北京：社会科学文献出版社，2019.4
ISBN 978 - 7 - 5201 - 4256 - 4

Ⅰ.①城…　Ⅱ.①单…　Ⅲ.①少数民族 - 社区管理 -
研究 - 西北地区　Ⅳ.①D669.3

中国版本图书馆 CIP 数据核字（2019）第 024078 号

## 城市多民族社区治理
### ——以西北地区为例

著　　者／单菲菲

出 版 人／谢寿光
责任编辑／宋浩敏　陈素梅

出　　版／社会科学文献出版社·联合出版中心（010）59367150
　　　　　地址：北京市北三环中路甲 29 号院华龙大厦　邮编：100029
　　　　　网址：www.ssap.com.cn
发　　行／市场营销中心（010）59367081　59367083
印　　装／三河市尚艺印装有限公司

规　　格／开本：787mm×1092mm　1/16
　　　　　印张：12.75　字数：177 千字
版　　次／2019 年 4 月第 1 版　2019 年 4 月第 1 次印刷
书　　号／ISBN 978 - 7 - 5201 - 4256 - 4
定　　价／79.00 元

本书如有印装质量问题，请与读者服务中心（010 - 59367028）联系